L'OGRE DE CORSE.

L'OGRE DE CORSE,

HISTOIRE VÉRITABLE

ET MERVEILLEUSE;

Par C. J. ROUGEMAITRE (de Dieuse).

SECONDE ÉDITION.

Monstrum horrendum, informe,
ingens, cui lumen ademptum.
VIRG.

PARIS,

Chez F. LOUIS, Libraire, rue de Savoie, n° 6.

1814.

INTRODUCTION.

Jadis florissait un peuple distingué par sa douceur, sa politesse, son esprit et l'élégance de ses manières. Ce peuple habitait un pays enchanteur et de la plus grande fertilité : le climat en était très - agréable. Tous ses voisins se trouvaient trop heureux de lui apporter leur or en échange de ses abondantes productions. Ce peuple enfin était le plus heureux de la terre. Il avait porté les arts au plus haut degré de perfection. Il était aussi illustre que terrible dans celui de la guerre; et il avait produit des hommes de génie dans tous les genres de littérature.

Le gouvernement de ce pays était monarchique. Un Roi, le plus juste et le meilleur des Rois, y régnait avec une sagesse et une douceur qui le faisaient adorer de ses sujets. Une Reine, qui réunissait à toutes les grâces de la nature le cœur le plus noble et l'esprit le plus cultivé, embellissait le trône de son époux. Elle avait donné le jour à d'aimables rejetons. Toute la famille royale jouissait d'un bonheur qui semblait devoir être aussi parfait que durable. Une guerre glorieuse venait de couvrir d'immortels lauriers les généraux et les armées : leur gloire était répandue dans toutes les parties du monde. Neptune voyait avec une douce satisfaction le pavillon sans tache de ce pays flotter noblement sur ses ondes. Des savans les parcouraient pour y faire de nouvelles découvertes. Les lois les plus sages et les plus douces empêchaient d'apercevoir l'autorité qui veillait au bonheur de tous.

Tel était l'état de ce beau pays ; tel était le bonheur de ce peuple dont toute l'Europe était jalouse, quand tout à coup un Génie perturbateur, excité par les puissances infernales, dévoré d'une ambition aussi cruelle qu'inconsidérée, conjure ouvertement contre la paix et le bonheur de cette contrée, et dirige principalement ses efforts contre la famille auguste et chérie à laquelle elle devait depuis si long-temps un destin si fortuné.

Par les manœuvres impies et dénaturées de ce Génie destructeur, des sujets aussi doux que fidèles, deviennent des séditieux, des révoltés. Une aveugle fureur s'empare de la multitude ; on oublie de quelle félicité l'on

ouissait.... Plus de lois, plus de
rein ; le fer, la flamme secon-
dent les trames les plus crimi-
nelles ; l'impunité conduit au
comble des forfaits. Les appuis
du trône les plus distingués par
l'âge, les lumières, les vertus,
périssent ou par les mains des
assassins, ou par celles des bour-
reaux. La jeunesse, la beauté,
l'innocence, ne peuvent échapper au glaive révolutionnaire
d'une fausse et parricide Thémis,
prostituée au malfaisant Génie.
Le Roi ! le Roi lui-même ! sa sœur,
son épouse, son fils, tout s'englou-
tit dans le vaste abîme ! Mais,
ô comble d'horreur ! ce ne sont

pas des étrangers, des barbares, qui viennent se souiller de pareils crimes! Ces crimes, qui les commet? Hélas! triste et fatale réponse! les sujets même de ce Roi dont aujourd'hui toute la terre reconnaît les vertus, et dont l'apothéose est au fond de tous les cœurs, comme elle l'est dans les fastes immortels de l'immortelle postérité!

Mais les scélérats ne peuvent long-temps rester unis; ils se déchirent bientôt entre eux : les factions succèdent aux factions. Après avoir détruit le gouvernement paternel qui rendait depuis des siècles ce pays si florissant, ils veulent fonder une République. Projet ridicule! Ils essaient ensuite de diviser le pouvoir entre un certain nombre de souverains. Imprudente et vaine tentative! Les gouvernemens, en opposition avec l'esprit et les habitudes de ce peuple, ne peuvent avoir qu'une durée éphémère.

Enfin l'homme du destin, l'homme que l'Eternel dans sa colère avait formé pour punir les crimes des nations, paraît; du sein du néant il monte sur le trône; il hérite de tous les crimes de la révolution; la terreur règne avec lui, remplit l'Europe d'épouvante , fait couler des torrens de sang et de larmes. O honte! des Rois s'attachent servilement à son char! On le couvre, on l'accable de lauriers. Il est proclamé le plus grand de tous les capitaines , le plus grand de tous les Rois, de tous les Empereurs !

C'est l'esquisse de la trop déplorable histoire de ce soldat, de cet usurpateur trop célèbre, surnommé l'Ogre de Corse, que nous allons mettre sous les yeux des lecteurs, amis de l'humanité et de leur pays.

F. L.

L'OGRE DE CORSE.

CHAPITRE PREMIER.

Comme quoi il advint que l'Ogrichon naquit; et autres choses merveilleuses.

IL était, une fois, une femme, qui était si belle, si belle, qu'elle passait pour la merveille de l'île qu'elle habitait ; mais sa beauté était la moindre de ses qualités, car elle était si bonne, si bonne, qu'elle avait, comme on dit, le cœur sur la main, et ne pouvait rien refuser à personne. Elle, et son mari, bonne pâte d'homme, comme on en voit tant, étaient si pauvres, que la plupart du temps ils n'avaient rien à mettre sous la dent, ce qui ne les faisait pas rire du tout ; et souvent ils n'avaient pour souper que les complimens qu'on faisait à la belle femme, ce qui ne leur donnait pas d'indigestion. Heureusement pour eux, le gouverneur de l'île se prit de belle passion pour la belle femme, et alors les bons morceaux tombèrent en abondance dans la maison de nos deux époux. Dès ce moment ce ne furent que festins, que danses et réjouissances de toute espèce. La belle femme riait du matin au soir ; elle était si gaie, si contente, qu'on ne l'appelait plus que la mère *La Joie* ; et ce nom là lui est resté.

Advint donc que la mère *La Joie* mit au monde un enfant qui n'était pas plus gros qu'un roitelet, ce qui fit beaucoup bavarder les comères du voisinage, qui disaient que cet enfant de trente-six pères était *bon à mettre à part;* qu'on pourrait le montrer pour de l'argent, et mille autres impertinences semblables; car on sait que de tout temps les belles femmes ont toujours été exposées aux caquets; et dans cette île il y avait de si méchantes langues, que, dès qu'on voyait un homme passer la nuit avec une femme, on ne manquait pas de dire que c'était son bon ami. Mais comme dans les petits endroits il ne faut souvent qu'un mot pour vous faire donner un sobriquet qui reste toute la vie, les bavardes, qui avaient dit que l'enfant était *bon* à mettre *à part*, furent cause qu'on l'appela encore ***Bon-à-part*** lorsqu'il fut plus grand que père et mère.

On avait invité toutes les Fées au baptême du petit, excepté la fée *Sanguinolente*, qui pourtant ne manqua pas de s'y trouver; les Fées allaient douer l'enfant selon l'usage, lorsque celle-ci, prenant vite la parole, dit : « Cet enfant aura un si grand appétit, qu'il avalera tout ce qu'il verra, et qu'un jour le monde entier sera trop petit pour le nourrir. »

On conçoit l'épouvante que ces paroles jetèrent dans l'assemblée; c'était à qui se sauverait, tant on avait déjà peur d'être croqué par le tit bambin. Aussi un domestique qui se trouvait là, le prit bien vite dans sa main, et le porta tout courant dans une forêt, bien loin, bien loin, et l'y abandonna, espérant qu'il y mourrait de faim, et qu'alors il ne mangerait personne; mais la fée *Sanguinolente*, qui voulait le protéger, lui envoya une tigresse pour l'allaiter; le petit grandit, devint fort, et prit le caractère de sa nourrice.

CHAPITRE II.

Comme quoi BON-A-PART *est re-trouvé, et ce qu'il s'ensuivit.*

—

UNE douzaine d'années s'était passée, et la mère *La Joie* ne pensait plus au petit *Bon-à-part* ; car de fête en fête, d'amoureux en amoureux, elle allait de couches en couches ; un enfant n'attendait pas l'autre : c'était la mère *Gigogne* du pays.

Un jour qu'elle se promenait avec le gouverneur vers la forêt où on avait exposé le petit, ils entendirent des cris affreux; ils coururent bien vite pour voir ce que c'était, et trouvèrent le petit *Bon-à-part* qui écorchait sa nourrice la tigresse. Ils le reconnurent bientôt (car la nature ne se trompe jamais), et charmés de le voir si courageux, ils l'emmenèrent avec eux à la ville. Il les suivit en grommelant, et faisant la grimace; ce qui leur sembla d'un bon augure pour l'avenir, et surtout en le voyant se couvrir de la peau du tigre, qu'il venait d'écorcher, et qu'il ne quitta plus.

Il est bon de vous dire que la fée *Caline,* une des marraines du petit, avait rassuré ses parens sur la prédiction de la fée *Sanguinolente.* « Je ne puis empêcher, avait-elle dit, que votre fils n'ait un grand appétit ; mais je lui fournirai de quoi le satisfaire ; et loin qu'il nuise à ses parens, ils lui devront leur élévation. » Les malins du pays disaient que cette élévation était douteuse, ou qu'elle ne serait pas de longue durée ; mais, encore un coup, c'étaient de mauvaises langues ; et si on voulait toujours les écouter, on ne saurait plus à quoi s'en tenir.

Comme on n'est jamais prophète dans son pays, il fut résolu que le gouverneur enverrait le petit *Bonà-part* faire ses études au pays des Lanternes. On lui fait une petite pacotille, on l'embarque, et le voilà parti.

——

CHAPITRE III.

Comme quoi le petit BOX-A-PART devient un grand génie.

—

QUAND notre petit bonhomme fut arrivé à l'école, il y excita bientôt une surprise générale. On n'avait jamais vu d'élève comme celui-là : les maîtres trouvaient dans sa mine en dessous et dans ses yeux sombres quelque chose qui leur faisait peur ; aussi fut-il bientôt le maître de ses maîtres et de ses camarades, dont il faisait tout ce qu'il voulait. Il est vrai qu'il était fort éloquent, et qu'il

prononçait *Je le veux*, ou *Je ne
le veux pas*, d'une manière qui
n'appartenait qu'à lui ; aussi parle-
ra-t-on long-temps chez les Lanternois de sa brillante adolescence. Il
passait le printemps, l'été et l'au-
tomne, à faire des plans de forte-
resses pour l'hiver ; et l'hiver, à se
retrancher avec de la neige dans la
cour et les jardins de l'école. Là,
son grand passe-temps était de par-
tager ses camarades en deux bandes
et de les faire se chamailler ensemble. C'était un plaisir que de
voir voler les pelotes de neige en
guise de boulets de canon : on
cassait les vitres, on se crevait les
yeux ; on blanchissait les robes
noires des docteurs, qui secouaient
leurs perruques, en disant grave-

ment et d'un ton prophétique :
« Le petit Corse a tous les symp-
tômes du génie; il fera du bruit
dans le monde. » Comme il y a
des jaloux partout, il s'en trouva
bien par-ci, par-là quelques - uns
qui grommeloient, mais bien bas,
de peur des boules de neige : « Ce
petit gredin - là est le plus mauvais
sujet de l'école ; il ne sait rien, n'ap-
prend rien, et met le désordre partout. »

Il est évident que ceux-là avoient
tort ; car personne ne savoit mieux
que *Bon-à-part* que deux et deux
font quatre; qu'avec six hommes on
en bat deux. Pour ce qui est des
autres sciences, il savait dire dans
trois ou quatre langues : *Mort !*
sacre ! destruction ! j'ai faim,

l'appétit ne vient en mangeant. Aussi ses admirateurs ne cessaien de répéter : « O quel génie ! que génie ! comme il ira loin ! »

On ne pouvait plus rien lui apprendre, et on l'envoya se perfectionner à la grande école de la capitale des Lanternois.

____

CHAPITRE IV.

De ce qui se passa chez les Lanternois.

—

Bon-a-part fit des progrès inouis dans cette nouvelle école, et il ne tarda pas à se signaler.

Dans ce temps-là, les Lanternois étoient gouvernés par le meilleur Roi qui fût au monde. Ç'aurait été le peuple le plus heureux de la terre, si le mauvais génie *Vertigo*, le génie le plus brouillon qui soit dans le royaume des Fées, ne se fût avisé, un beau jour, de refondre les Lanternois à sa manière. Voilà donc qu'il se met à tout bouleverser : il parcourt les villes, les villages, fait monter les petits sur des échasses pour les faire paraître grands ; il fait mettre les grands à genoux pour les faire paraître petits ; il fait tomber les têtes qui dépassaient les autres, comme si c'eût été des têtes de pavots ; il habille les gueux en princes, les princes en mendians : on n'a jamais vu un pareil charivari. Les hommes jetaient leurs chapeaux, les femmes leurs coiffures de dentelles, pour se couvrir d'un bonnet de galérien. Tout le monde disait : «Nous ne voulons plus de maître !» Tout le monde criait : « Je suis Roi !» Les hommes aux échasses tombèrent sur la famille Royale : le bon Roi, la Reine, et quelques princes furent étouffés; les autres, qui avaient prévu l'arrivée du mauvais Génie, se réfugièrent dans les pays étrangers, en attendant que la folie des Lanternois fût passée.

Qui était bien malheureux pendant cette bagarre-là? C'était tout le monde, mais principalement le petit Ogrichon! Je dis Ogrichon; car la menace de *Sanguinolente* commençait à se réaliser. *Bon-à-part* se sentait un appétit dévorant, et la *fée Caline* paraissait l'oublier. Quelques écus qui lui restaient s'étaient changés en chiffons dans sa poche. Il avait cela de commun avec tous les Lanternois, à qui le génie *Vertigo* faisait accroire que des chiffons de papier barbouillés de noir ou de rouge valaient mieux que des écus bien sonnans. Mais, bah ! l'Ogrichon avait beau dire au gargotier du Cadran bleu, rue de la Huchette : « *Je veux manger ; voilà du papier ;* » l'autre lui répondait : « *Va te promener ; je veux de l'argent.* »

Cependant *Bon-à-part* avait une mine à faire peur ; son habit était si râpé qu'il aurait pu s'en servir en guise d'amadoue ; son corps était si maigre et son ventre si vide, qu'en mettant une chandelle derrière lui on aurait pu par-devant compter tous ses boyaux : il ne lui restait plus d'autre parti à prendre que de se noyer ; et c'est ce qu'il résolut de faire.

~~~~~~~~~~~~~~~~~~~~~~~~~~~~~~~~~~

CHAPITRE V.

Comme quoi l'Ogrichon devient un Ogre.

—

Les Lanternois, qui avaient étouffé leurs princes, voulaient être Rois chacun à leur tour ; mais pour y arriver plus vite, ils avaient nommé huit cents Monarques, qui devaient céder leurs places à huit cents autres au bout d'un an. Or il advint que les premiers, se trouvant fort bien où ils étaient, ne voulurent plus s'en aller. On résolut de les chasser à coups de gaule. Les pré-
~~~~~~~~~~~~~~~~~~~~~~~~~~~~~~~~~~

tendans rassemblèrent une armée de la plus fine canaille qu'ils remirent entre les mains de *Brasar*, le plus fameux des récalcitrans. Or, celui-ci voulait bien être un huit-centième de Roi, mais il ne voulait pas attraper un huit-centième de horion : d'ailleurs, il étoit bon Lanternois; quoiqu'il eût le caractère léger et changeant, qu'il eût une tête de girouette, il ne voulait pas se battre contre ses compatriotes. Il s'en allait donc tout rêvassant le long de la rivière, lorsqu'il aperçut le désespéré *Bon-à-part*, qui voulait se noyer. «Oh! oh! dit *Brasar*, voilà mon homme ! Le petit Corse est affamé; pour un morceau de pain, il fera tout ce que je voudrai. Je vais lui proposer de prendre le commandement à ma place. » Aussitôt dit, aussitôt fait. *Bon-à-part*, qui voit plus loin que son nez, sourit pour la première fois de sa vie, en pensant à la bonne curée qu'il va faire. On lui donne des hommes, des canons, et le voilà parti. Piff! paff! ramasse ta tête! cours après ta jambe! et les Lanternois de se sauver, de tomber, et de crier grâce. « Tuez! tuez! criait *Bon-à-part*; tuez-les pour leur apprendre à vivre; plus nous en tuerons, plus ils nous aimeront! »

En cette journée furent tués moutons, brebis et agneaux, tant et tant, que leur sang forma un large ruisseau, dans lequel *Bon-à-part* étant tombé, se fit une large tache qui ne s'effaça jamais; et en même temps il prit goût à cette boisson, dont il avait avalé maintes gorgées ; si bien que, de ce moment-là, il fut un Ogre véritable, qui ne pouvait plus vivre que de chair fraîche et de sang de moutons.

CHAPITRE VI.

omme quoi l'Ogre est nommé grand chasseur d'Ausonie.

—

C'ÉTAIT le treizième jour du mois es Vendanges que notre Ogre s'é- it si bien régalé; mais comme 'appétit lui venait en mangeant, alla trouver *Brasar* et lui dit : J'ai faim. » Or, vous saurez que on-à-part et nos armées, ayant aversé à grands coups de gaule us les hommes montés sur des ses, des huit cents Rois il n'en tait plus que cinq, et *Brasar* était u nombre.

« Oh ! oh ! dit *Brasar* en lui-même, si je n'éloigne ce drôle-là, il ne fera de moi qu'une bouchée. » *Brasar* avait à sa cour une veuve qu'il consolait depuis long-temps ; mais comme parfois il lui prenait encore des accès de douleur, et que *Brasar* avait épuisé tous les moyens de consolation, qu'il n'avait plus rien à lui dire quand elle cherchait à le faire parler, il lui tardait de s'en *débarrasser* ; mais en même temps il voulait la donner à quelqu'un qui en aurait bien soin. Il dit donc à l'Ogre : « Si tu veux épouser la veuve, je te nommerai grand chasseur d'Ausonie. » « Je le veux bien, » dit l'Ogre.

Alors *Brasar*, enchanté de se voir arracher à la fois deux épines du

pied, lui donne deux cent mille lé-
vriers, six cents piqueurs bien ex-
périmentés à la chasse, de la poudre,
de la poudre !... assez pour tuer
tout le gibier de la terre, et le brevet
de grand chasseur d'Ausonie.

L'Ogre part donc avec tout son
attirail de chasse, tombe sur les
lièvres de l'Ausonie, qui ne s'attendaient pas à pareille fête ; tue tout,
mange tout, et grandit à vue d'œil.

Vous vous souvenez bien qu'en
venant au monde il n'était pas plus
gros qu'un roitelet ; le lait de la
tigresse l'avait fait grandir de trois
pieds : sa curée du 13 du mois des vendanges l'avait encore allongé de deux ;
mais sa chasse d'Ausonie le rendit si
grand, si grand, que les Lanternois
montés sur des échasses semblaient

des nains à côté de lui. Sa voix deve
nait forte à l'avenant, si bien q
de six cents lieues de loin elle faisai
trembler. Et son appétit donc ! ja
mais Ogre n'en eut un pareil. Aussi
quand il eut tué et mangé tout l
gibier d'Ausonie, il se mit à dévore
de la toile, du marbre, du bronze,
etc. ; mais cette nourriture n'étan
pas de son goût, il revint auprès de
l'ami *Brasar*, et lui dit encore une
fois : « J'ai faim ! »

Qui fut bien penaud ? Ce fut l'ami
Brasar quand il vit que son ami
l'Ogre était devenu si grand et si
fort, qu'il pouvait le broyer entre
ses doigts comme une puce, et l'a-
valer comme une huître, lui et ses
quatre compagnons de souveraineté ;
mais *Brasar* était un fin matois :

il lui vint dans l'idée d'envoyer l'Ogre dans le royaume des Crocodiles, espérant qu'en l'envoyant si loin, il en serait débarrassé pour toujours.

Mais l'Ogre, qui ne voyait qu'un royaume à manger, et qui espérait par là grandir encore assez pour en manger d'autres, ne se fit pas prier deux fois ; et il s'embarqua avec la meilleure flotte, les meilleurs chasseurs, et les plus fameux piqueurs des Lanternois.

CHAPITRE VII.

De l'île des Oranges, et des Chasseurs rouges.

—

L'Ogre était déjà en mer depuis plusieurs jours, et il était content de voir qu'un bon vent poussait sa flotte vers le royaume des Crocodiles, mais se dépitait grandement de manquer de chair fraîche, car sur mer n'en a pas qui veut. Il pensait déjà à avaler ses compagnons de voyage, lorsqu'il aperçut de loin l'île des Oranges. « Oh ! oh ! dit-il, voilà de quoi faire un bon dé-

jeûner ! entrons là ». Mais cela n'é-
tait pas facile ; l'entrée du port était
étroite, hérissée de rochers, et gar-
dée par des gens qui n'avaient pas
peur. Y pénétrer de force, cela n'é-
tait pas possible. Aussi l'Ogre eut-il
recours à la ruse, et, au lieu de dire:
« *J'ai faim*, » il dit aux gardes :
« *J'ai soif.* » Un verre d'eau ne se
refuse jamais ; on laissa donc entrer
quelques-uns de ses vaisseaux ; mais
dès qu'on lui eut donné un pied
dans l'île, il en eut bientôt pris
quatre ; et de tous ceux qui l'habi-
taient il ne fit qu'un déjeuner ; ensuite il continua sa route et arriva
enfin sur les côtes du royaume des
Crocodiles.

Vous saurez que dans ce temps-
là il y avait un grand nombre de

chasseurs rouges venus d'Albion, qui protégaient le royaume des Crocodiles. Or donc, ceux-ci étant venus pendant que l'Ogre et ses gens faisaient ripaille sur l'herbette, ils mirent le feu à ses vaisseaux, dont furent l'Ogre et ses Lanternois grandement épouvantés, se voyant pris là comme dans une souricière, et sans aucun moyen pour retourner au pays des Lanternes. Force leur fut donc de rester et de batailler contre les Crocodiles; mais partout ils trouvaient les chasseurs rouges, qui leur taillaient de la besogne, et qui ne manquaient jamais de venir prendre leur repas quand il était prêt. Aussi les Lanternois maigrissaient à vue d'œil, et la taille de l'Ogre diminuait tous les jours.

Ceux qui n'étaient pas mangés par les Crocodiles, mouraient comme des mouches, par la peste et toutes sortes de maladies.

Ceux qui se portaient bien se mutinaient et ne voulaient plus obéir à l'Ogre. Comme il était devenu plus petit qu'eux, ils le prirent un jour pour le pendre. C'en était fait de lui si la fée *Caline*, qui le protégeait, ne l'eût dérobé aux yeux de tous les chasseurs. Elle le prit par les cheveux, et, traversant les airs, en moins de dix minutes elle le déposa au beau milieu des Lanternois, qui ne s'attendaient guère à le voir, et s'imaginaient encore bien moins qu'un homme qui avait déjà fait tant de bruit dans le monde, revien-drait sans tambour ni trompette, et se sauverait en laissant tout son monde à la merci des Crocodiles.

La fée *Caline*, après l'avoir ainsi dérobé à un danger aussi imminent, ne s'inquiéta pas de ses remercî-mens, et s'apprêtait à s'en retourner par les airs, lorsque l'Ogre lui parla ainsi :

CHAPITRE VIII.

Comme quoi l'Ogre joua un bon tour à son ami BRASAR, *et autres aventures merveilleuses.*

—

« ARRÊTEZ , dit l'Ogre à la Fée comme elle se disposait à le quitter ; si vous retournez dans le royaume des Crocodiles , vous pouvez m'y rendre un petit service ; nous avons laissé par là un de nos piqueurs que je n'aime pas, parce qu'il me contrariait toujours, et qu'il est devenu plus grand que moi. Il se ouvrait de gloire dans la ville des

Jambons, pendant que je n'étais encore qu'un petit écolier ; il peut faire encore parler de lui, et je veux qu'on ne parle que de moi ; faites-moi le plaisir de le faire tuer, mais sans qu'on sache que cela vient de moi : que cela ait l'air d'un accident, entendez-vous ? » « Cela suffit, dit la Fée ; maintenez-vous dans ces bonnes dispositions, et votre taille reviendra ; je ne peux vous la rendre, mais, tenez, prenez cette poudre, jetez-la aux yeux de tout le monde ; si vous n'êtes pas grand, vous le paraîtrez : cela produit le même effet aux yeux des sots, et vous verrez qu'il n'en manque pas dans ce pays-ci. Allez trouver votre ami *Brasar*, il vous tirera d'affaire ; adieu. »

L'Ogre, un peu consolé, s'achemina lentement vers la capitale des Lanternois ; il était à peu près dans le même état que dans le temps qu'il mangeait rue de la Huchette, où, par parenthèse, il se garda bien de passer, parce qu'il devait à son gargotier du Cadran bleu quelques dîners de six sous, qu'il lui doit encore et qu'il lui devra toujours.

La première chose qu'il fit en paraissant devant *Brasar*, ce fut de lui jeter de sa poudre aux yeux, et la seconde de lui dire, « *J'ai faim.* » *Brasar* ne s'attendait guère à le revoir ; mais la poudre faisant son effet, et, le voyant grand comme un géant, il lui offrit à manger, à condition qu'il casserait les échasses de ses quatre compagnons rois, et qu'il le délivrerait de cinq cents étourneaux dont les caquets l'étourdissaient du soir au matin. « N'est-ce que cela ? dit l'Ogre, laissez-moi faire, et vous verrez beau jeu. »

Or, voici comment il s'y prit. Il assembla deux cent cinquante vieux oiseleurs à deux lieues de la capitale, les chargea d'y attirer les étourneaux, et quand ils y furent rendus, il se mit à crier : « Sauvez-vous, sauvez-vous, je suis le dieu de la chasse. » Alors vous eussiez vu les sansonnets battre de l'aile et s'envoler à qui mieux mieux, les uns par les portes, les autres par les fenêtres ; il y en eut bien quelques-unes qui, plus hardis que les autres, voulurent se jeter sur l'Ogre et lui donner quelques coups de bec sur le nez, ce qui lui fit tant de peur pendant quelques instans, qu'il se mit à se sauver à reculons jusqu'à la rivière, en criant toujours : « Je suis le dieu de la chasse »! et il serait tombé dans l'eau, si un de ses piqueurs ne l'eût retenu par le pan de son habit, et ne lui eût fait voir que les étourneaux ne vouloient le becqueter que pour rire.

Après cet exploit, il alla trouver les cinq monarques, et cassa leurs échasses d'un coup de pied, comme si elles eussent été de verre, et n'épargna pas plus son ami *Brasar* que les quatre autres; car la fée *Caline* ne cessait de lui souffler à l'oreille : *Fais du mal à ceux qui t'ont fait du bien !* » de quoi *Brasar*, qui croyait garder ses échasses, fit une grimace épouvantable, et se sauva, tout d'une traite, dans le pays des fumeurs, où il fume encore.

CHAPITRE IX.

Comme quoi l'Ogre devient le maître des Lanternois.

Les Lanternois voyant toutes les échasses cassées, criaient partout en montrant l'Ogre : « Voilà le plus grand capitaine du monde. » « Ah ! ah ! dit l'Ogre, puisque c'est comme cela, je veux être votre premier conseiller ; j'en aurai deux autres avec moi, pour la forme seulement, car j'aurai bien soin de les museler pour qu'ils me laissent parler tout seul. »

Alors il se mit à faire des réglemens magnifiques pour les Lanternois ; et comme ils étaient naturellement friands, il ne leur promettait que bonbons, que miel et que sucre : si bien que, dans les promenades et sur les places publiques, on les voyait tous la bouche béante, et attendre constamment que la douce béquée leur tombât dedans ; mais ils avaient beau ouvrir des bouches larges comme des fours, rien ne venait. L'Ogre avait trop bon appétit pour rien donner aux autres ; de quoi commencèrent sourdement à murmurer les Lanternois.

Il y avait alors dans le pays deux factions, l'une qu'on appelait les *Remuans*, l'autre les *Engourdis*. Les premiers, qui ne pouvaient plus se trémousser sur leurs échasses, trouvaient très-mauvais que l'Ogre voulût se mettre à la place du bon roi qu'ils avaient étouffé ; les *Engourdis*, qui craignaient les coups de gaules, se tenaient à l'écart, les bras croisés, et se contentaient de soupirer; mais quand ils virent que l'Ogre, au lieu de donner des conseils, donnait des ordres, et qu'après avoir commencé par manger la laine des moutons, il finissait par manger le reste, ils commencèrent aussi à se dégourdir, remuèrent d'abord la tête, puis un bras, puis une jambe, puis firent un pas, puis deux, pour se réunir aux *Remuans* et lutter avec eux contre l'Ogre.

Mais la fée *Sanguinolente*, qui

protégeait l'Ogre, parce qu'il la
servait sans le savoir, prit la figure de la *fée Caline*, et dit à
Bon-à-part : « Non loin de ton palais, une machine se prépare.......
Elle est près d'éclater, tes jours sont
en péril...... Fuis avec la rapidité de
l'éclair. » Elle dit : et l'Ogre ayant
suivi son conseil, échappa à l'ex-
plosion foudroyante.

L'Ogre sut bien tirer parti de
l'événement. Ayant rassemblé les
Lanternois, il leur dit : « *Les chasseurs rouges d'Albion* ont payé les
Remuans pour me faire sauter en
l'air, parce qu'ils sont jaloux des
bonnes choses que je vous ai pro-
mises ; ils sont vos ennemis puis-
qu'ils sont les miens : ainsi vous ne
trouverez pas mauvais que je fasse

un exemple. J'ordonne qu'on arrête deux cents *Remnans* et qu'on les envoie dans l'île des Perroquets pour y être dévorés par les serpens. » Ce qui fut fait sans que personne osât dire non. Cependant voyant que tout le monde n'était pas persuadé, l'Ogre ajouta : « Mon grand Ché - Fou (1) vous donnera les preuves de la conspiration. »

Et le lendemain, le grand Ché-Fou émerveilla bien les Lanternois quand il vint leur dire : « Que ce n'étoient pas les *Remnans*, mais les *Enrdis*, qui avaient fait partir le pour se défaire du premier conseiller, et ramener chez les Lanternois les princes qui s'étoient ro-

––––––––––––––––––––––––––

(1) Grand inquisiteur des Lanternois.

fugiés chez l'étranger ; » ce qu'il prouva d'une manière si claire, que tout le monde le crut, quoique l'on n'y comprît rien.

Là-dessus, l'Ogre se mit fort en colère, et dit : « Que les princes étaient des poltrons qui n'avaient pas le courage de le regarder en face. » Puis il ordonna qu'on verrait aussi deux cents *Engourdis* pour servir de pâture aux serpens de l'île des Perroquets. » Ce qui exécuté.

Depuis lors, les deux partis n'osèrent plus ouvrir la bouche pour se plaindre ; et comme l'Ogre leur avait encore jeté une forte prise sa poudre aux yeux, ils ne cessaient de crier : « O le grand homme ! O grand homme ! » Et fut résolu qu serait le premier conseiller pendant deux mille ans, s'il vivait jusque-là.

C'est ce qu'on verra dans la suite de cette si merveilleuse et si véridique histoire.

CHAPITRE X.

Du garde-manger de l'Ogre.

—

LE pétard avait légèrement en-
dommagé une maison en face du
château de l'Ogre, qui, voulant
paraître généreux, envoya des ma-
çons pour la réparer ; mais, d'après
ses ordres secrets, ils grattèrent
tant les plâtres, écornèrent tant de
pierres, agrandirent tant la brèche,
que la maison finit par s'écrouler
entièrement. Celle du voisin, lé-
zardée par la secousse, fut aussi
démolie, puis une troisième, puis

une autre. Elles tombaient les unes sur les autres comme des capucins de cartes, si bien que quand on eut enlevé les décombres on fut bien étonné de voir devant le château une place assez grande pour faire manœuvrer six cent mille hommes d'infanterie avec deux cent mille chevaux. « Quand j'aurai rempli cette place de troupes, disait l'Ogre à part soi, nous verrons qui est-ce qui aura le bras assez long pour me donner des croquignoles ? »

Et tous ceux qui avaient reçu de la poudre dans les yeux, de crier :

Oh qu'il est grand ! oh qu'il est grand ! » Et de fait presque tout le monde le croyait, excepté pourtant son tailleur, qui ne savait que penser, en voyant qu'il n'employait pas

plus de drap pour faire un habit à
l'Ogre qu'à tout autre.

Bon-à-part, qui se voyait maître
de tout, mangeait maintenant à
gogo, et n'avait plus besoin de dire,
« *j'ai faim* »; mais comme il était
devenu aussi friand que goulu, il
avait fait arranger un grand garde-
manger, à deux lieues de sa capitale; c'était comme un château fort,
et là dedans il faisait soigneusement
serrer le gibier que lui fournissait
son grand *Ché-Fou*. Ce n'était rien
moins que des prêtres bénis, des
nonnes sucrées, et de petits princes
qu'il y faisait renfermer pour les
croquer à sa fantaisie. On y mettait
aussi ceux qui se bassinaient les
yeux, et qui, après avoir essuyé la
poudre que l'Ogre y avait jetée,

voyaient les choses dans leur état naturel, et répondaient : « Ah! qu'il est petit ! » à ceux qui avaient la berlue et qui criaient : « Oh qu'il est grand ! » et de ceux-là, il en avalait une douzaine, à chaque repas, en guise d'huîtres.

Comme c'étaient des Lanternois, il les mangeait en cachette de peur d'offusquer les autres ; car il avait promis aux Lanternois de ne manger que leurs ennemis ; et c'était assez pour sa pitance, car ceux-là ne manquaient pas. Il avait des oiseaux de proie qui changeaient de couleur à volonté, pour attirer dans ses filets ceux qui lui déplaisaient et qu'il voulait dévorer. Il commença la curée par un de ses anciens voisins qui se souvenait d'avoir vu l'Ogré tout petit; pour celui-là, il le fit mettre à mort publiquement, comme étant convaincu d'avoir fait une conspiration en musique contre lui. Il se nommait *Anera*. Deux grands piqueurs chéris des Lanternois, *Berklé* et *Saïdès* furent également tués le même jour et à la même heure, le premier dans le pays des Crocodiles, et l'autre dans les plaines de Go-Maren, où il venait de sauver la vie à l'Ogre. Et celui-ci n'eut pas honte de leur faire rendre de magnifiques honneurs funèbres, auxquels il assista à cheval et en riant de tout son cœur, tandis qu'il recommandait aux autres de pleurer. Il ne fit également qu'une bouchée de plusieurs amis du bon Roi, qu'un *Remuant* déguisé en *Engourdi* avait attirés dans le garde-manger de l'Ogre. Mais dans le nombre, il y en avoit deux dont il eut bien de la peine à se défaire. C'étaient deux braves piqueurs que tous les chasseurs Lanternois regardaient comme leur père ; ils auroient tous donné leur vie pour eux ; et l'Ogre ne vit d'autre parti à prendre pour s'en défaire que de faire étouffer, l'un dans son lit, en répandant le bruit qu'il s'était étranglé lui - même en passant une allumette dans sa cravate. Quant à l'autre, les cuisiniers chargés de le tuer ne purent jamais s'y résoudre, et se contentèrent de lui dire : *Va-t'en et cache-toi.* Mais l'Ogre en trouva bien d'autres à dévorer.

Celui qui écrivait une ligne de

travers, ennemi ; qui ne criait pas avec l'Ogre, ennemi ; qui disait noir quand il disait blanc, ennemi ; qui n'avait pas perdu la mémoire, ennemi ; qui buvait sans sa permission, ennemi ; qui ne buvait pas assez, ennemi ; qui était trop grand, ennemi : tout cela était autant de gibier pour son garde-manger.

CHAPITRE XI.

Comme quoi l'Ogre voulut se régaler du sang d'un Prince.

L'Ogre était un rusé compère ; il savait bien qu'il n'était grand que pour ceux à qui il jetait de sa poudre aux yeux ; mais cette poudre devait s'user à la longue, et quand on le verrait dans sa taille naturelle, il était douteux que les Lanternois, alors soumis au génie *Vertigo*, voulussent toujours continuer à remplir son garde-manger : il songea donc à se faire des partisans qui seraient intéressés à satisfaire son grand appétit ; et, pour ce faire, il composa un parlement de trois chambres. En la première, étaient les plus vieux et les plus madrés du royaume ; parmi eux on en voyait beaucoup qui, s'étant partagé les dépouilles du bon roi et de sa famille, avaient grand'peur de voir revenir ses héritiers. A ceux-là l'Ogre dit : « Vous n'avez rien à faire qu'à dire *oui* quand je voudrai quelque chose ; et je ferai en sorte que vous ne soyez jamais pendus. » Dont furent les vieux bien contens, et s'habituèrent si bien à leur rôle, que quand l'Ogre leur demandait à minuit : « Fait-il du soleil ? » Ils criaient tous : « Oui, oui ! ».

La seconde chambre était celle des parleurs. Ceux-là étaient chargés de dire bien haut : « Il ne faut penser qu'au bonheur des Lanternois ; » et de dire bien bas : « Faisons tout pour l'Ogre. » Et ils envoyaient leurs décisions au conseil des muets, qui était la troisième chambre ; ceux-ci faisaient des lois ave des haricots rouges et des haricots blancs : quand l'Ogre voulait une loi, on leur mettait une muselière pour empêcher les mouvemens de la langue ; et puis ils allaient, les uns après les autres, mettre dans un plat un haricot rouge, qui voulait dire *non*, ou un blanc qui voulait dire *oui*; mais il y avait de la tricherie, car souvent on leur bandait les yeux avec un ruban rouge, et alors on leur conduisait la main, et on leur faisait prendre une couleur pour une autre.

Ces trois conseils, dirigés par
fée *Sanguinolente*, rendirent l'
si formidable, que les moutons
ternois venaient d'eux-mêmes
tendre le dos pour se faire tondre
et se présentaient gaîment à la
che pour se faire rôtir.

Malgré cela, les désirs de l'
n'étaient pas pleinement satisfaits.
De tous les effets du feu roi il n
restait plus qu'une chaise enchantée
de la façon de celle qu'on
trône dans d'autres langues : or
cette chaise étoit l'objet des secre
désirs de l'Ogre ; il savait que tou
ceux qui s'y asseyaient étaient ado-
rés et respectés, mais tellement respectés, que la chaise était elle-
même, pour les Lanternois, l'objet
d'une si grande vénération, qu'on

aurait regardé comme un crime, seulement de la toucher du doigt.

Le conseil des *Oui* fut donc bien surpris quand l'Ogre lui dit un jour : « Je veux être le sultan des Lanternois, et m'asseoir sur la chaise enchantée. » Ils restèrent tous muets, n'osant pas dire *non*, par la crainte qu'ils avaient de l'Ogre ; et ils n'osaient pas non plus dire *oui*, tant la chose leur paraissait hardie. A la fin, cependant, un des plus rusés et de ceux qui craignaient le plus le cordon, lui dit : « Seigneur premier conseiller, certainement nous n'avons rien à vous refuser, mais on ne guérit pas de la peur. Qui nous répond que vous ne demandez pas la chaise enchantée pour la rendre à l'héritier du roi que nous avons tué ? Or, si cela arrivait, vous concevez certainement que.... nous autres qui... enfin... vous devez comprendre..... » « Suffit, dit l'Ogre, vous aurez de mes nouvelles ; je vous ferai voir que moi et vos princes nous ne pourrons jamais être cousins. »

Les vieux n'avaient pas tout-à-fait tort ; car les bons, les vrais Lanternois, qui avaient toujours échappé aux piéges du génie *Vertigo*, et qui conservaient dans leur cœur l'amour de leurs anciens maîtres, croyaient bonnement que l'Ogre travaillait pour eux ; mais ils ne le connaissaient guère. L'Ogre appela son grand pourvoyeur *Truconilauc*, et il lui dit : « Je suis las de grosses viandes ; je voudrais un morceau délicat, un morceau de prince. Prends du monde avec toi, passe la grande rivière, et amène-moi promptement un jeune prince de la famille royale, qui pourrait peut-être quelque jour me disputer la chaise enchantée. »

Truconilauc ne se le fait pas dire deux fois; il pique des deux, passe l'eau, prend le prince au chaud du lit, l'amène dans le grand garde-manger, et va avertir l'Ogre.

CHAPITRE XII.

Comme quoi l'Ogre se met sur la chaise enchantée ; et de ce qui s'ensuit.

———

QUAND on vint annoncer à l'Ogre que le jeune prince était dans le grand garde-manger, la mère *La Joie* était présente avec un des frères de l'Ogre ; et tous deux furent bien épouvantés quand ils virent que l'Ogre avait envie de dévorer le jeune prince. Ils savaient combien il était chéri et adoré par les Lanternois, et ils craignaient que sa mort n'attirât sur eux quelque grand malheur. Adoncques se mirent tous deux à prier et supplier l'Ogre de laisser vivre le jeune prince. Mais cela ne fit qu'irriter l'Ogre ; et comme il voulait s'en aller pour ne pas les entendre, sa mère se jeta à genoux et se traîna à ses pieds, en tenant le pan de son habit ; mais l'Ogre, se retournant, donna un grand coup de pied au cul à sa mère, et voulut faire le même cadeau à son frère ; mais celui-ci para adroitement le coup de pied par un vigoureux coup de poing qu'il lui appliqua sur la mâchoire.

Alors l'Ogre en colère se mit à beugler comme un bœuf, et à crier de toutes ses forces : « Sortez, canailles, sortez, ou je vous avale aussi ; oui, je mangerai le prince,

je m'en régalerai en dépit de vous
et de tous ceux qui pourraient y
trouver à redire ; et pour vous punir
de votre insolence et de votre pitié
qui m'outrage , je vous déclare que
je ferai des rois et des reines de tous
mes autres frères et sœurs, et même
de mes maîtresses. Allez, que je
ne vous voie plus ! c'est n . dernier
mot. » « Laisse donc ! laisse donc !
répartit son frère , tu seras bien heureux quelque jour de venir manger
ma soupe. Adieu , monstre. » « Au
diable , » répondit l'Ogre , et s'en
alla de suite assembler un conseil
de huit cuisiniers-bouchers pour dé-
cider à quelle sauce on mettrait le
jeune prince ?

Mais quand on tua le jeune prince,
il se fit un cri si perçant , que toutes

les montagnes les plus lointaines en furent ébranlées; tous les peuples de la terre en furent épouvantés ; tous les échos répétèrent ce lamentable cri : c'étaient comme des millions de tonnerres qui mugissaient : « Vengeance ! vengeance ! » Le sang du prince s'exhala tout entier dans les airs, et forma comme autant de nuages de pourpre qui se dispersèrent et retombèrent en pluie dans les quatre parties du monde ; et ce sang fut soigneusement recueilli par les Génies qui veillent sur les nations. Ils le conservèrent pour le répandre un jour sur la tête de l'Ogre, quand le temps de la vengeance serait arrivé.

Mais l'Ogre, qui avait trop de dureté dans les oreilles pour en tendre les cris de ceux qu'il faisait tuer, continua son horrible festin tranquillement, et puis alla trouver le Conseil des Oui, et leur dit : « Je viens de dévorer l'héritier le plus chéri de vos anciens maîtres ; croyez-vous maintenant que je travaille pour eux ? » « Non, dirent-ils, et vous pouvez sans crainte vous asseoir sur la chaise enchantée, et vous faire nommer Sultan, si les Lanternois y consentent. » « Laissez-moi faire, dit-il ; j'ai une grande provision de rubans rouges ; je leur en ferai des lisières, et avec cela je les mènerai comme je voudrai. »

Et l'Ogre laissa la liberté aux Lanternois de dire *oui* ou *non*, en faisant entendre toutefois qu'il dévorerait ceux qui diraient *non*. Et nul ne s'y hasarda ; de sorte que tous ceux qui avaient des lisières rouges ayant dit *oui*, il fut proclamé Sultan des Lanternois. On fit parler ceux qui n'avaient rien dit ; et c'est depuis ce temps-là que l'on dit : *Qui ne dit mot, consent.*

Alors l'Ogre voulant faire croire aux gobe-mouches et aux simples que le Ciel était d'accord avec son ambition et sa voracité, fit dire au Chef des *Pontifes* de venir lui tendre la main pour monter sur la chaise enchantée ; et le Chef des *Pontifes* qui était un vénérable vieillard, séduit par les belles promesses de l'Ogre, vint du fond de l'Ausonie présider en personne à la fatale cérémonie ; mais il ne tarda pas à s'en repentir, car l'Ogre qui se moquait autant du ciel que de la terre, se fit un malin plaisir quand il n'eut plus besoin de lui, de le faire entourer de *bayadères* éhontées, de *courtisannes* effrontées, et de jeunes étourdis, qui l'appelaient en criant : *Papa, papa!* et puis lui riaient au nez. Ce n'est pas tout, pour le récompenser de sa complaisance et du grand voyage qu'il avait fait, l'Ogre lui prit tout ce qu'il avait, et quand il l'eut dépouillé, il voulut encore le forcer de lui livrer sa conscience; mais comme c'était le seul bien, et le plus précieux, qui lui restait, l'auguste et respectable vieillard ne voulut pas s'en défaire: si bien donc que l'Ogre en colère le fit enfermer dans un garde-manger, où il lui fit

endurer toutes les tribulations pos-
sibles : mais il eut beau menacer,
prier, jurer, tempêter, le Chef des
Pontifes garda sa conscience.

Enfin, l'Ogre alla s'asseoir en
grande cérémonie sur la chaise enchantée, dont tout le monde fut
émerveillé, et le fut bien davantage
encore quand il leur tint le superbe
discours que l'on verra dans le chapitre suivant :

CHAPITRE XIII.

Discours et actions du nouveau Sultan.

—

« LANTERNOIS ! vous voyez comme je suis *grand*; mais pour ne pas faire de jaloux, je veux que tout soit *grand* autour de moi. Vous serez la *Grande* Nation ; mais, pour cela, il me faut de *grandes* armées, de *grands* trésors, de *grandes* batailles, et de *grandes* finances. C'est votre bien que je veux : et vous m'aiderez à faire votre bonheur, en me donnant tous vos enfans pour en faire des soldats, et tout votre argent pour payer mes *grandes* entreprises. Rien ne forme la jeunesse comme les voyages; aussi je vous promets de leur faire courir le monde tant qu'ils auront deux jambes. Il n'y a qu'un soleil pour éclairer la terre, il ne faut qu'un maître pour la gouverner; et ce maître-là, c'est moi. »

Après cela, il s'occupa de récompenser ceux qui lui avaient donné la main pour monter sur la chaise enchantée. Le chef du Conseil des *Oui* eut un château magnifique, avec des dépendances considérables; tout cela situé sur un morceau de papier, qui fut déchiré le lendemain. Les membres du Conseil des

Parleurs reçurent chacun un petit morceau de ruban trempé dans le sang du prince que l'Ogre avait fait égorger ; puis il leur dit : « Comme je suis maintenant sur la chaise enchantée, je n'ai plus besoin de vous ; je suis assez grand pour parler tout seul, ainsi vous pouvez vous en aller. » Les Parleurs retournèrent donc planter leurs choux, et ce fut à cette occasion que fut faite la fameuse chanson : *Allez-vous-en, gens de la noce*, etc.

Ceux qui croyaient que l'Ogre allait se tenir tranquille, se trompaient bien fort ; car son appétit ne faisait qu'augmenter ; ce qui fit qu'il déclara au conseil des *Oui* qu'il ne pouvait vivre à moins de trois cent mille hommes par an, que les *Oui* lui accordèrent volontiers ; car il avait bien soin de leur jeter de sa poudre aux yeux pour se faire paraître de jour en jour plus grand.

Et, certes, on ne pouvait pas douter qu'il ne fût le plus grand homme qui ait existé, sans en excepter Micromégas et Gargantua, puisque, sans compter les grosses viandes, on lui voyait prendre tous les jours mille quintaux de café, consommer deux mille quintaux de sucre ; il lui fallait régulièrement sept cents quintaux de sel pour saler son pot, huit cents quintaux d'indigo et de cochenille pour teindre la laine dont on faisait ses habits ; et tout le reste à l'avenant.

CHAPITRE XIV.

Des petits batelets, et des aigles à deux têtes.

———

L'Ogre, pour se désennuyer, reniflait par jour deux mille tonnes de tabac, et en fumait autant en carottes; mais il lui en fallait du plus exquis; et celui qu'on fabriquait chez les Lanternois, n'étoit pas de son goût. Il ne trouvait plus ni café, ni sucre, ni indigo; et pour en avoir il fallait aller le chercher dans des îles qui étaient bien loin, bien loin, et gardées par les chasseurs qui l'avaient si bien étrillé dans l'île des Crocodiles.

Or, le royaume des chasseurs rouges n'était éloigné que de sept lieues de celui des Lanternes, dont il était séparé par un bras de mer, que l'Ogre aurait enjambé comme un petit ruisseau s'il avait été aussi grand que sa poudre le faisait paraître; mais il savait bien à quoi s'en tenir là-dessus.

Il résolut donc de conquérir le royaume des Albionnais; mais comment faire pour passer l'eau? Des vaisseaux, il n'en avait plus, les rouges les avaient tous pris ou brûlés; mais comme l'Ogre était un grand génie, il ordonna aux Lanternois de quitter toutes leurs occupations, et de construire assez de petits batelets de sapin pour couvrir le bras de mer de sept lieues. Il espérait que les Lanternois, qui sont naturellement légers, passeraient aisément sur ce pont de nouvelle fabrique, sans se mouiller la cheville des pieds. Bientôt tous les Lanternois ne s'occupèrent plus qu'à charpenter des vaisseaux de sapin, qui ressemblaient à des boîtes de fromage de Giromé ; toutes les grandes routes étaient couvertes de charrettes dont chacune portait une petite flotte ; toutes les rivières, tous les ruisseaux, disparaissaient tous les bateaux qu'on faisait charrier vers la mer ; et ces vaisseaux ne ressemblaient pas mal aux batelets de papier que les écoliers font aller dans les ruisseaux des rues après une grande pluie. Et les Lanternois, qui regardaient les paroles du Grand-Ogre comme mots d'Evangile, se réjouissaient de ces préparatifs divertissans ; ils voyaient déjà tous les Albionnais pris, et se régalaient d'avance de sucre et de café à deux sous la livre.

Mais quand le bras de mer commença à se couvrir de ces batelets, les Albionnais se mirent si fort à rire, à rire, qu'ils en avaient mal à la rate ; et quand ce premier accès de gaîté fut passé, ils n'eurent qu'à souffler sur la flotte pour renverser les batelets les uns sur les autres ; et avec de petits pétards les faisaient sauter par milliers. Force fut donc à l'Ogre de renoncer à la con-

quête du royaume des *Rouges*, et
de se retourner d'un autre côté, au
grand regret de ses petits amis, à qui
il avait donné d'avance des places
magnifiques dans ce royaume; et
ceux-ci, qui croyaient bonnement à
la parole du maître, dévoraient des
yeux ces côtes blanches qu'ils regardaient toute la journée avec des
lorgnettes, et qu'ils prenaient pour
autant de pains de sucre. Aussi ils
se nommaient gros comme le bras,
M. l'intendant général d'Albion,
M. le trésorier général d'Albion, etc.
On voyait même sur le bord de la
mer une troupe d'histrions qui prenaient le titre de *Comédiens ordi-*
naires de sa majesté O grichonne en
Albion, et faisaient tous les jours,
à la belle étoile, la répétition des

pièces qu'ils devaient y jouer ; mais ils furent , comme les autres , obligés de s'en retourner en chantant : *Ne vendez pas la peau de l'ours,* etc.

L'Ogre fit dresser des aigles pour le conduire partout où il y aurait bonne curée à faire , et se vantait d'avoir les meilleurs aigles du monde, lorsque *Sanguinolente* lui souffla à l'oreille : « Tu serais tout-puissant si tu possédais le royaume où sont des aigles à deux têtes. »

CHAPITRE XV.

Des voyages de l'Ogre, et autres gestes amusans.

———

IL n'en fallait pas davantage pour engager l'Ogre à voyager. Il assembla une armée de quatre cent mille hommes, dont la moitié fut tuée en arrivant, la moitié de l'autre fut prise ; et perdirent, les autres, celui-ci un bras, celui-là une jambe, l'un son nez, un autre son menton. L'Ogre alla chercher une autre armée plus forte que la première, et recommença de plus belle.

Le Roi des aigles à deux têtes avait sous ses ordres beaucoup de princes et de rois, de ceux-là l'Ogre ne fit qu'un déjeûner. Il rehaussa d'un cran la couronne de ceux qui avoient eu peur, ou qui s'entendaient avec lui pour trahir leurs voisins, et attraper leur part du gâteau ; il prit les états de ceux qui s'étaient défendus, et qui n'avaient pas voulu crier avec les Lanternois : « O le grand homme ! » De ce nombre était le Roi du pays des Jambons ; l'Ogre lui prit sa couronne et la donna à son petit frère, qu'il fit roi, à condition qu'il ne mangerait que les restes que l'Ogre voudrait bien lui laisser.

Ce fut alors que commença la grande promenade des jeunes Lanternois. L'Ogre leur apprit à courir comme des lièvres, de sorte qu'on les voyait aller d'un bout du monde à l'autre, aussi facilement qu'on va aujourd'hui de Paris à Pantin, et de Pantin à Paris. En passant, ils vous dévoraient un royaume en aussi peu de temps qu'une nuée de sauterelles dévore un pré; et devint l'Ogre si puissant, qu'aucun prince ou roi n'osait éternuer ou cracher sans sa permission, sous peine d'être renfermé dans son garde-manger. Aussi ils en avaient tant de peur qu'ils lui donnaient leurs garçons pour l'accompagner dans ses grandes promenades, et leurs jeunes princesses pour ses frères, dont il avait fait autant de rois, hormis celui qui lui avait donné un coup de poing sur la mâchoire. Quand l'Ogre se vit si puissant, il lui vint dans la tête de faire un bon mariage, pour faire oublier son origine, si c'était possible, et se faire respecter de ceux qui le méprisaient. Il se mit donc en quête, frappant à toutes les portes où il y avait une princesse ; mais il fut refusé partout. «Oh ! oh ! dit-il, je vois bien que ce n'est pas ainsi qu'il faut s'y prendre. » Il se mit donc à la tête de six cent mille hommes, et s'en alla demander la princesse des *aigles à deux têtes*. Le roi, son père, avait de l'honneur, et ne voulait pas d'un gueux revêtu pour gendre ; mais quand il vit qu'à chaque *non* qu'il disait, l'Ogre et ses gens avalaient un millier de ses sujets,

il fut bien forcé de sacrifier sa fille
pour sauver le reste. Alors l'Ogre
renvoya la veuve qu'il avait déjà
épousée, épousa la jeune princesse,
au grand étonnement du monde entier, et fut plus puissant que jamais.

Aussi comme il mangeait ! comme
il dévorait ! Son appétit était si
grand, que tout lui paraissait bon ;
un morceau n'attendait pas l'autre ;
mais comme il était devenu aussi
friand que gourmand, il ne cessait de pester et de faire de gros
jurons contre les Albionnais qui lui
rognaient sa portion de sucre et
de café, et ne lui en donnaient qu'à
force d'argent.

Quand il eut dépensé en frian-
dises tous les trésors qu'il avait vo-

lés dans les pays qu'il avait ravagés, il fut bien obligé de faire ouvrir les bourses et les coffres-forts des Lanternois, et pas ne manqua de prétextes pour leur arracher jusqu'au dernier sou.

Il ordonna que l'on paierait *tant* par livre d'air que l'on respirerait par la porte ou par la fenêtre ; *tant* par bête qui entrerait dans une ville, et Dieu sait s'il en manquait ! *tant* par roquille de vin ou d'eau-de-vie que l'on changerait de place ; *tant* pour aller d'un village à l'autre ; *tant* pour avoir le droit de tirer de la poudre aux moineaux ; *tant* pour avoir celui d'enseigner le BA, BE, BI, BO, BU ; *tant* pour avoir la permission de l'apprendre ;

tant pour celle de jouer aux cartes, à la triomphe, ou à la bataille ; *tant* par entrechat et par rigodon ; *tant* par fusée ou par pétard ; *tant* par billet de comédie ; *tant* par voiture qui peserait un quarteron de trop ; *tant* pour prouver qu'on était fils de son père et de sa mère ; *tant* pour se promener dans un char après sa mort.

Mais ce qui lui rapportait le plus d'argent, c'étaient ses ordres de promenades. Celui qui voulait s'en dispenser, payait une grosse somme. Celui qui ne pouvait pas marcher, payait encore ; de sorte qu'il faisait payer le droit d'être aveugle, borgne, manchot, boiteux, bossu, asthmatique, paralytique, fiévreux, catarrheux, pisse-en-lit, rabougri, goutteux, gangrené, etc., etc., etc., etc., etc., etc., etc., etc.

Et il n'y avait pas à dire qu'on pût s'exempter de la promenade sans payer. Quand un jeune Lanternois se cachait, ou mourait *incognito*, on s'en prenait à ses père et mère, à son oncle, à sa tante, à son cousin, à sa cousine, au beau-frère, à la belle-sœur, au tuteur, au curateur, au parrain, à la marraine, au voisin, à la voisine, et quelquefois à tout le village : si bien que l'Ogre roulait sur l'or, et en avait rempli son palais depuis la cave jusqu'au grenier.

CHAPITRE XVI.

Comme quoi l'Ogre-Sultan fit élever une grande colonne.

—

L'OGRE, comme on vient de le voir, était bien riche et bien puissant, et aurait pu être heureux, ainsi que les Lanternois, si ce n'eût été son grand appétit, qui, suivant la prédiction de *Sanguinolente*, allait toujours en augmentant. Les Lanternois le craignaient, mais ils ne l'aimaient pas. Les pères et les mères n'étaient pas contens de voir revenir leurs garçons de la prome-

nade et de la chasse avec des bé-
quilles, des jambes de bois, des
mains de cuivre et des nez d'argent.
Les jeunes filles surtout trouvaient
qu'il était désagréable de danser
avec des manchots et des boiteux,
et de ne pouvoir se marier qu'avec
des têtes à perruques. Elles avaient
beau chanter tristement :

Gai, gai, marions-nous, etc.

elles en étaient pour le refrain de
la chanson; il arrivait même souvent que quand elles épousaient un
jeune homme qui avait payé chère-
ment une exemption de promenade,
on venait de la part du Sultan enlever
le nouvel époux après le repas de
noces; et la pauvre donzelle était

tout ébahie de se trouver veuve avant d'avoir connu ce que c'étoit que le mariage.

Il arrivait en conséquence que les femmes, voyant qu'elles vivaient dans un monde renversé, où les jeunes garçons mouraient avant leurs grands-papas, ne demandaient plus que des filles au ciel, et pleuraient à chaudes larmes quand il leur donnait un garçon; et, pour les voir exempts de la promenade périlleuse, elles faisaient ce qu'elles pouvaient pour les rendre bossus ou tortus, louches ou borgnes; et un garçon qui n'avait point de dents, ou qui avait un membre de moins, était regardé comme un trésor pour une famille. De plus comme ordinairement on exemptait de la promemado les jeunes gens qui s'étaient mariés avant l'ordre, on voyait des adolescens se marier avec de vieilles sans dents; d'autres épousaient des enfans qu'on renvoyait à l'école après la noce; et Dieu sait comme la population aurait été si cela avait continué, et cela en dépit de l'assertion du flatteur en chef, qui disait, à la face des Lanternois, que le meilleur moyen de peupler un royaume était d'en faire tuer tous les habitans.

L'Ogre savait bien qu'on murmurait de lui voir mettre tous les jeunes gens en chair à pâté; mais comme il connaissait le caractère des Lanternois, il inventait toutes sortes d'amusettes pour les distraire. Il faisait allumer des chandelles dans les rues, faisait tirer des pétards, distribuait de l'eau et du vinaigre aux plus altérés, une croûte de pain et quelques os de volaille aux plus affamés, employait les désœuvrés à gratter ou à blanchir de vieilles maisons; et pour faire croire que c'était lui qui les avait fait bâtir, il y faisait mettre sa figure de plâtre, et graver son nom dans tous les coins, même jusque dans les endroits solitaires, où aboutit tout l'art des cuisiniers. Il faisait mettre à bas des milliers de maisons pour élargir les rues, faisait jeter des planches sur la rivière pour passer l'eau en payant, faisait démolir la moitié d'une ville pour construire un grand palais à son poupon, qui n'était pas encore aussi gros qu'une puce; et quand les propriétaires des maisons qu'il faisait démolir venaient lui demander l'indemnité qu'il leur avait promise, il les faisait mettre dans son garde-manger, trouvant qu'il était plus commode de les avaler que de les payer.

Et pour laisser à ses petits-enfans (s'il en avait) un grand souvenir de ses exploits, il fit élever, sur une place de la capitale, une colonne immense ainsi qu'il suit :

Les fondemens avaient trois cents pieds de profondeur, et furent faits entièrement avec des os de morts ; la chaux qu'on employa pour les cimenter ensemble fut délayée dans des torrens du sang des Lanternois et des autres peuples qu'il avait dévorés, et dans les larmes de leurs parens et de leurs amis. La colonne, qui s'élevait sur ces fondemens avait six cents pieds de hauteur ; et était entièrement composée de têtes de morts artistement empilées et entassées les unes sur les autres, et tout en haut de ces têtes hideuses à voir (pour ceux qui n'avaient pas reçu de la poudre dans les yeux), il fit placer sa statue. Elle était d'une taille prodigieuse, d'un pied foulant des monceaux de cadavres mutilés, et de sa main semblant menacer le ciel.

Mais quoique l'Ogre fût fier d'avoir fait élever une colonne aussi extraordinaire, il passait pourtant rarement à côté : car, lorsqu'il s'en approchait seulement de cent pas, tous ces ossemens et ces têtes s'ébranlaient, s'entrechoquaient et faisaient

un horrible cliquetis ; la statue paraissait environnée d'un nuage de
sang ; des soupirs et des cris lugubres
sortaient des fondemens ; de grosses
larmes brillantes sortaient de ces
yeux vides ; et de toutes les bouches
creuses de ces têtes de morts sortaient des milliers de voix sépulcra-
les, qui, s'unissant en un concert
infernal, faisaient entendre des milliers de fois du haut en bas de la colonne ces épouvantables paroles :
Tu descendras ! Tu descendras !
L'Ogre alors levait la tête malgré
lui, et voyait sa statue s'agiter, s'é-
branler, et prête à tomber sur lui, et
à l'écraser de son poids. Alors il
tremblait de tout son corps, se tâtait
le pouls pour voir s'il était encore
en vie, essuyait ses mains, croyant

y voir du sang, se bouchait les na-
rines, croyant sentir l'odeur fétide
des cadavres, enfonçait ses éperons
d'or dans les flancs de son cheval,
et ne faisait qu'un galop jusqu'à son
palais, où il se renfermait, battait
sa femme, ses ministres, cassait les
glaces, les meubles, tant qu'il
croyait voir ces bouches hideuses
s'agiter et répéter à ses oreilles !
Tu descendras ! Tu descendras !

CHAPITRE XVII.

Comme quoi l'Ogre voulut avaler le royaume d'Ibérie.

—

Le Sultan des Lanternois avait ur ami le Roi d'Ibérie, qui lui nnait à manger tout ce qu'il vou-'t. Il n'avait qu'à dire : « Je vou- bien avaler trente vaisseaux, trente mille Ibériens, ou une ne d'or; » et il l'avait. Mais 'Ogre, trouvant que cela allait eu- re trop lentement pour son appétit, urait bien voulu avaler le royaume 'Ibérie d'un seul coup, comme il

avait fait de tant d'autres; mais
point n'osait le faire par force,
parce que les Ibériens se méfiaient de
l'Ogre, et se seraient bien défendus,
s'il avait voulu traiter les mérinos
comme il traitait les moutons lanternois. Il résolut donc d'employer
la ruse.

Le vieux Roi d'Ibérie avait un
gros chien nommé *Favori*, qu'
aimait comme la prunelle de
yeux, et la Reine aussi, parce qu'
leur faisait mille gentillesses; qu'
sautait pour eux et leur léchait l
mains ; et le Roi aurait mieux ai
perdre son royaume que son *Favori*
Mais celui-ci ne plaisait pas à tout l
monde ; car s'il caressait le Roi
la Reine, il était hargneux
tous les autres : ajoutez qu'il é

voleur, et qu'il n'y avait marmite dans le pays où il n'allât fourrer sa patte et son museau pour en tirer quelque morceau; et ne cessait, en outre, d'aboyer contre le jeune prince d'Ibérie, beau et brave seigneur, chéri et adoré de tous les Ibériens.

A cela *Favori* était encore excité par un grand piqueur que l'Ogre avait envoyé à la cour d'Ibérie. Ce piqueur, à force de flatter *Favori*, et de lui offrir les morceaux qu'il aimait le mieux, était parvenu à en faire tout ce qu'il voulait; si bien qu'un jour que le fils du Roi passait, le piqueur n'eut qu'à dire : « *Mords-le,* » et *Favori* sauta aux jambes du Prince, et l'aurait mordu, si celui-ci, d'un grand coup de pied, n'eût envoyé l'animal hargneux contre la muraille. De quoi se mit *Favori* à geindre si pitoyablement, que le Roi et la Reine accoururent à ses cris; et quand le Roi eut ouï que c'était son fils qui avait fait bobo à *Favori*, il se mit fort en colère, et ordonna d'enfermer le Prince dans un cachot, au pain et à l'eau.

Mais quand les Ibériens apprirent que leur Prince chéri était en prison, et que le méchant *Favori* en était la cause, ils coururent tous en foule avec des bâtons vers le palais, et se mirent à crier tous ensemble, qu'il fallait leur rendre leur Prince, et qu'ils voulaient tuer *Favori*. De quoi le vieux Roi fut si épouvanté, qu'il promit aux Ibériens, non-seulement de rendre la liberté à son fils, mais encore de lui donner sa couronne, si on voulait laisser vivre *Favori*. Ce fut une grande joie pour les Ibériens quand ils surent que le jeune Prince, qu'ils aimaient tant, allait être leur Roi, et ils consentirent à ne pas tuer *Favori;* mais ils le firent mettre à l'attache, afin qu'il ne volât plus le pot-au-feu des Ibériens et ne mordît plus personne.

Quand l'Ogre apprit tout cela, il en eut un furieux dépit ; car il avait espéré que *Favori* étranglerait le jeune Prince, et qu'ensuite il aurait bon marché du vieux Roi. Mais il ne renonça pas pour cela à son projet d'avaler l'Ibérie, et s'imagina qu'il en viendrait facilement à bout, s'il pouvait attirer le nouveau et le vie   Roi hors de leur pays. Pour exécuter son dessein, il se rendit en toute hâte à la ville des Baïonnettes, qui est sur les frontières de l'Ibérie, et de là envoya un piqueur souhaiter le bonjour de sa part au nouveau Roi, et l'inviter à dîner avec lui dans la ville des Baïonnettes, lui promettant de beaux châteaux en Espagne, s'il venait.

Le jeune Prince, qui ne voulait pas se mettre à dos un Ogre qui aurait pu l'avaler comme une prune, s'y rendit moitié de gré, moitié de force ; et quand il fut arrivé, il trouva, au lieu d'un bon dîner, l'Ogre, qui lui dit : « Donne-moi ta couronne, ou je te croque. » « Eh bien ! je m'en moque, répondit le Prince ; mais tu ne l'auras pas, Nicolas ! » L'Ogre entra dans une grande colère, et aurait dévoré sur-le-champ le jeune Prince, si la fée *Sanguinolente*, qui était toujours invisible à côté de lui, ne lui eût soufflé à l'oreille un autre projet. En conséquence, il le fit enfermer dans un de ses garde-manger (car il en avait partout), et dit qu'il le laisserait jeûner jusqu'à ce qu'il consentît à lui donner sa couronne ; mais le jeune Prince jura qu'il n'en ferait rien, parce qu'un enfant bien élevé doit conserver avec soin les cadeaux de ses parens.

Le Sultan, voyant cela, jugea qu'il ne viendrait pas à bout de son dessein, s'il n'attirait pas le vieux Roi dans ses filets, et résolut en conséquence de le faire venir aussi

par ruse dans la ville des Baïonnettes.
Nous verrons dans le chapitre suivant de cette véridique et merveilleuse histoire comment il s'y prit.

CHAPITRE XVIII.

Comme quoi l'Ogre se sauva avec des bottes de sept lieues.

—

Le grand piqueur, qui était resté en Ibérie, reçut l'ordre secret de s'emparer de *Favori*, qui était à l'attache, et de l'amener promptement dans la ville des Baïonnettes. Comme le piqueur était un rusé compère, il sut trouver les moyens d'en venir à bout. Et quand l'Ogre eut *Favori* en son pouvoir, il fit dire au vieux Roi et à la vieille Reine que, s'ils voulaient se donner la peine de venir le voir à la ville des Baïonnettes, il leur rendrait leur *Favori*. On leur aurait donné trois royaumes, qu'ils n'auraient pas été plus contens; et coururent en toute hâte jusqu'à la ville où le rusé Sultan les attendait. Quand ils furent arrivés, l'Ogre leur dit : «Votre fils est un ingrat et un fils dénaturé, qui a eu la hardiesse de battre votre *Favori*, qui sans moi serait encore à l'attache, privé des caresses d'un si bon maître et d'une si bonne maîtresse; mais je suis prêt à vous le rendre, si vous me donnez votre couronne pour mon grand frère. Je le veux : qu'avez-vous à répondre à cela?» «Rien, dit le Roi, et vous serez satisfait.»

Mais le jeune prince Ibérien ouvrit

de grands yeux quand son père lui dit que c'était pour rire qu'il lui avait donné sa couronne, et qu'il lui ordonnait de la remettre à l'Ogre sur-le-champ. Le Prince fit d'abord quelque résistance ; mais venant à songer qu'un bon fils devait obéir à ses parens, il finit par se soumettre. Ensuite le Sultan, tout joyeux, récompensa le vieux Roi et la Reine, comme il récompensait tous les autres ; c'est-à-dire qu'il les fit mettre avec leur *Favori* dans un de ses garde-manger, les assurant qu'ils ne manqueraient de rien, et qu'on leur donnerait tous les jours, pour les régaler, tout juste autant qu'il en faudrait pour les empêcher de mourir de faim.

Puis il donna la couronne d'Ibérie

à son grand frère, lui ordonnant de bien mitonner les *mérinos*, jusqu'à ce qu'il lui plût d'en faire un grand festin.

Le grand frère se mit en route, croyant qu'il n'avait qu'à se montrer pour que les *mérinos* vinssent se faire tondre d'eux-mêmes ; mais il s'était bien trompé dans son calcul. Les Ibériens n'étaient pas d'humeur à se laisser fricasser comme les lièvres d'Ausonie, comme les moutons lanternois, comme les vaches bataves, comme les bœufs helvétiens, comme les porcs westphaliens, comme les marmottes sabaudiennes, etc., etc., etc., etc., etc., etc., etc., etc., etc., etc., etc., etc., etc., etc., etc., etc.

Aussi, quand le grand frère arriva, au lieu de doux moutons, il ne trouva de tous côtés que *mérinos* et béliers qui le menaçaient de leurs cornes, et qu'Ibériens armés de lardoires, qui lui criaient : « Va-t'en ! va-t'en ! ou nous te piquons comme un râble de lièvre. » Et le grand frère, qui était un peu lièvre de son naturel, ne savait de quel côté urir pour sauver ses mollets.

Et pour les conserver, il fit dire plus d'une fois à son Ogre de frère, u'il ne voulait pas de la couronne u'il lui avait donnée ; qu'elle était trop lourde pour la porter en cou- t, etc. Mais l'Ogre, qui voulait baolument se régaler de la chair fraîche des Ibériens, envoya des ar- ées de trois cent, quatre cent hommes pour les mettre en capilotade ; mais de tous ceux qui entraient en Ibérie pas un ne revenait ; car le Génie des Ibériens, ennemi de *Caline* et de *Sanguinolente*, avait creusé de toutes parts des abîmes sans fond, où venaient tomber, tête baissée, tous les chasseurs et tous les cuisiniers qui arrivaient du pays des Lanternes.

Mais l'Ogre, qui ne doutait de rien, et qui ne voulait pas en avoir le démenti, déclara, à la face du monde entier, qu'il allait y lui-même, et qu'avant deux lu il placerait son grand tournebroche sur la plus haute tour de la capi d'Ibérie, pour y faire rôtir tous *adrinos.*

Quand le Sultan s'approcha de capitale, et qu'il vit des millions

cornes prêtes à l'éventrer, des millions de lardoires dirigées contre lui,
des millions de voix qui criaient :
« Le voilà, le voilà, le grand dévas-
tateur de l'espèce humaine ! tombons
tous sur lui ! » Quand il vit qu'il ne
pouvait s'échapper, qu'autour de
lui ce n'étaient que piéges à loups,
qu'il n'évitait un trébuchet que pour
tomber dans un autre, qu'il était
entouré de précipices : oh dame ! il
eut peur tout de bon, et se mit à
crier piteusement : « *Caline* ! *Caline* ! me laisseras - tu mourir ? »
« Non, dit *Caline*, se montrant tout
à coup à lui ; prends ces bottes de
sept lieues, et sauve-toi. » Et elle
disparut aussitôt.

L'Ogre essuie ses yeux, met ses
bottes, et se met à enjamber les

montagnes, les plaines et les ruisseaux, que c'était un plaisir de voir : si bien qu'en une couple d'heures il arriva du fin fond de l'Ibérie à la ville des Baïonnettes. Là ne se croit pas encore en sûreté, car il avait si peur, si peur, qu'il voyait des ennemis partout; si bien qu'étant arrivé dans la petite ville du Mont-Argus, un vieux bonhomme qui se réjouissait de le voir, s'étant mis près de sa voiture, se prit à crier de tout cœur lorsque l'Ogre descendait : *le voilà ! le voilà !* Le Sultan, croyant sans doute que les mérinos le poursuivaient encore, devint pâle, blême, tremblant, et se mit à crier : *Qu'est-ce que c'est ? qu'est-ce que c'est ? fouette, cocher !* et se rejeta dans sa voiture avec tant de précipitation, qu'il se fit une bosse à la tête et qu'il ne voulut s'arrêter pour manger, quoiqu'il eût bien faim, avant d'être arrivé dans la grande ville des Lanternes. Et les Lanternois parlèrent long-temps de ce prompt voyage. Mais ceux qui se souvenaient de ce qu'il avait promis avant de partir, disaient (mais bien bas et pour cause) que l'Ogre était un tantinet *gascon;* que *tous les gascons ne sont pas de la Garonne;* que *promettre et tenir sont deux.* On chantait aussi: *Va-t'en voir s'ils viennent, Jean; tu ne l'auras pas, Nicolas;* et mille autres dictons qui depuis ont passé en proverbes.

CHAPITRE XIX.

Comme quoi l'Ogre prit de la mousse de Corse, et de ce qui en advint

Le Sultan ne voulant pas avoir l'air de renoncer à son projet, envoyait tous les ans une nouvelle armée à son grand frère; mais on pouvait dire *adieu* à tous ceux qui partaient, car on ne les revoyait plus. Les *chasseurs rouges* étaient venus au secours des Ibériens, et faisaient courir le grand frère comme quand on joue aux barres; ce qui augmenta tellement la haine de l'Ogre pour les Albionnais, qu'il suffisait de prononcer doucement leur nom devant lui pour être dévoré sur-le-champ ; et les avait tellement en horreur, qu'il faisait brûler tout ce qu'ils avaient touché, comme s'ils eussent été pestiférés. Toutefois il avait bien soin de mettre sa grosse main sur toutes les denrées dont il était friand ; et avalait le tout comme un goulu : si bien que les Lanternois, qui n'avaient que les miettes, qu'il leur faisait encore vendre bien cher, se plaignaient de n'avoir plus de *bonbons* pour les baptêmes, de sirop ni de limonade pour se rafraîchir, de café pour déjeuner, de quinquina pour la fièvre, d'indigo pour faire des habits bleus, etc.

Mais la poudre de l'Ogre, qui leur donnait la berlue, leur faisait prendre du jus de betteraves, de carottes, de la lie de vin cuite et calcinée, pour du sucre; des pois, des haricots, de la chicorée sauvage, pour du café: il est vrai qu'ils faisaient un peu la grimace en avalant la pilule, et trouvaient que le génie *Vertigo* qui avait tout bouleversé, avait aussi changé la douceur en amertume. Ils faisaient de l'indigo avec des bleuets, et du quinquina avec des marrons d'Inde; ce qui guérissait de la fièvre en guérissant de la vie.

Il advint qu'un jour Sa Majesté Ogrichonne eut une colique épouvantable qui le fit beugler comme un bœuf. Tous les docteurs en mé-

decine furent mandés, et après avoir
tâté le pouls du malade, et lui avoir
fait tirer la langue, ils décidèrent
que Sa Majesté avait des vers, et
lui ordonnèrent en conséquence d'a-
valer un quintal de mousse de Corse.

Le remède commença bientôt à
opérer, et, pour en examiner l'effet, les docteurs tenaient gravement
leurs lunettes braquées sur le pot,
quand ils furent bien émerveillés
de voir sortir des entrailles de Sa
Majesté, au lieu de vers, une légion
innombrable de *Rats* de toutes cou-
leurs, tous vivans, tous grouillans,
qui, se débordant comme un tor-
rent, se *réunirent* tous sur la
grande place du Palais ; ce qui fit
qu'on les appela dans la suite les
Rats-réunis.

De là se répandirent par légions, par bataillons, par compagnies, par escouades, comme un *camp volant*, et se répandirent dans tout le pays des Lanternes, et se logèrent de préférence dans les caves des marchands de vin, où ils firent des dégâts épouvantables; car ces rats singuliers ne ressemblaient pas aux autres rats; ils buvaient du vin et toutes sortes de liqueurs : si bien qu'il n'y en avait pas une bouteille où on ne vît l'empreinte de leurs griffes sur le bouchon. Ils se jetaient aussi sur le sel, sur les cartes, sur la musique, reniflaient du tabac comme des Suisses, et grignotaient la moitié (1) des voitures publiques

____

(1) Il faut entendre par cette moitié la taxe établie sur les voitures publiques.

et des coches. Enfin , on ne pouvait
faire un pas sans en rencontrer qui
vous montraient les dents. Il y en eut
bien quelques-uns de tués, de noyés,
d'échinés par-ci par-là ; mais le Sultan, qui les protégeait, et pour cause,
déclara qu'il croquerait ceux qui les
molesteraient ; ordonna aux Lanternois de les nourrir grassement , et
en envoya une bonne bande dans
les autres pays , où ils achevèrent
de gruger le peu que les chasseurs
de l'Ogre y avaient laissé.

CHAPITRE XX.

De ce qui arriva à l'Ogre dans le pays des glaçons.

—

CEPENDANT l'appétit de Sa Majesté Ogrichonne allait toujours en augmentant ; et comme il avait tout dévoré à deux cents lieues à la ronde, il se mettait la tête à la torture pour savoir où il prendrait de quoi mettre sous sa dent, quand il apprit que les Albionnais avaient des magasins considérables de dragées au pays des glaçons, et il conçut bien vite le projet d'aller les avaler.

Voilà donc l'Ogre qui rassemble tous les jeunes Lanternois à qui il restait deux jambes, et qui part avec une armée de plus de six cent mille hommes et un attirail, un train qui couvrait la moitié de la terre. Il les fait marcher, marcher, tant et si loin, qu'ils ne pouvaient assez s'étonner de ce que le monde était si grand. Enfin, après quelques escarmouches, il arrive dans la plus grande ville du pays des glaçons, où il s'arrête pour faire reposer son armée. Il se réjouissait déjà du bon repas qu'il allait faire en avalant les bonbons des Albionnais et le royaume des glaçons par-dessus. Mais, une nuit, un fracas épouvantable le réveille ; il regarde par la fenêtre ; toute la ville paraît en feu, des tourbillons de flammes et de fumée s'élèvent jusqu'au ciel; les maisons craquent et s'éboulent les unes après les autres. Il s'habille à la hâte, fait sonner la retraite, et se sauve avec son armée à travers champs sans regarder derrière lui; et ne cessèrent de courir que lorsqu'ils furent arrivés dans une plaine immense, où on ne voyait que le ciel et la neige : là, s'arrêtèrent un peu pour reprendre haleine et déjeuner; mais ils n'étaient pas au bout de leurs peines. Le Génie des glaçons parut dans un char formé d'un nuage de neige et de givre, poussé par le vent de bise, et se mit à souffler sur eux, mais si froid, si froid, qu'ils gelaient les uns après les autres, et

devenaient roides comme des pi-
quets. Et c'était une chose piteuse
que de voir ces pauvres Lanternois
étendus sur la neige sans plus pouvoir remuer ni bras ni jambes. Si
quelques-uns d'entre eux avaient la
force de faire un mouvement, leurs
bras ou leurs jambes restaient dans
la posture où ils se trouvaient : si
bien qu'on les voyait comme des
statues, les uns la main à leur nez,
les autres à leurs yeux ; celui-ci
montrant le poing à l'Ogre, auteur
de tant de maux ; celui-là les deux
bras étendus vers le pays des Lanternois qu'il ne devait plus revoir ;
d'autres avaient la bouche ouverte,
et étaient morts en criant : *Ah !
ma pauvre maman !* ils n'avaient
pu en dire davantage, car leurs

paroles s'étaient gelées en même temps que leur corps ; et ceux qui vivaient encore s'acheminaient lentement, comme des spectres errans, vers le feu des maisons que l'Ogre faisait brûler sur son passage. Là, ils s'asseyaient dans un morne silence sur les cadavres de leurs camarades, se laissaient brûler sans rien sentir, finissaient par tomber morts, et un moment après leurs corps servaient également de siéges à d'autres infortunés qui comme eux venaient se jeter dans les bras de la mort en voulant la fuir.

Et l'Ogre aurait gelé comme les autres s'il ne se fût bien enveloppé dans sa peau de tigre, et aurait été tué par les cavaliers des glaçons, qui fondaient sur lui de tous côtés, si *Caline*, qui voyait sa détresse, ne l'eût tout d'un coup enlevé par le toupet, et, lui faisant rapidement traverser les airs, ne l'eût déposé, en quelques minutes, à la porte de son palais, dans la capitale des Lanternois.

Là, bien content d'en être encore une fois échappé, et sans s'inquiéter des centaines de milliers de Lanternois qu'il avait laissé périr au milieu des glaçons, il se fit allumer un bon feu, servir un bon souper. Quand il eut bien mangé et qu'il se fut bien chauffé, il s'écria en se frottant les mains : « Il fait meilleur ici que sur les bords de la *Bérésina*. » Cette *Bérésina* est une rivière où il avait manqué de périr, et les Lanternois, qui rient de tout, disaient que leur Sultan était en colère contre tous les *abbés*, depuis que l'abbé Résina lui avait fait tant de mal. Après quoi il alla se coucher dans un bon lit, où un bon sommeil lui fit bientôt oublier les mauvais momens qu'il venait de passer.

CHAPITRE XXI.

Comme quoi les Anticornes s'approchent du pays des Lanternes.

CEPENDANT le Génie des glaçons parcourait les airs, et criait d'un pole à l'autre :

« *Peuples, Rois ! réveillez-vous ! unissez-vous tous pour exterminer le grand Ogre ! il a perdu sa force et sa taille !* »

A cette voix éclatante, qui faisait plus de bruit que mille tonnerres réunis, le monde entier se réveilla et courut aux armes. Bientôt les mers, les fleuves, les rivières, les grandes et les petites routes, sont couverts de Septentrionaux armés, qui, sous le nom d'*Anticorses*, s'acheminent à grands pas vers le pays des Lanternes, et ils allaient si vite, que si l'Ogre n'eût pas voyagé par les airs, ils lui auraient marché sur les talons.

Quelle fut la triste surprise du Sultan lorsqu'en se levant le lendemain, il se vit plus petit qu'il n'était quand il avait quitté le pays des Crocodiles ! Mais son épouvante fut portée à son comble lorsque voulant prendre la boîte qui renfermait sa poudre magique, il ne la trouva plus. Il l'avait perdue dans le pays des Glaçons, perdue sans ressource. Alors il se mit à faire des jurons épouvantables ; puis à pleurer comme un veau, puis enfin à prier *Caline* de venir à son secours. *Caline* parut aussitôt. « Ta poudre, lui dit-elle, était la poudre du mensonge ; pour en réparer la perte, ments comme un arracheur de dents ; fais mentir à dire d'experts ; cela pourra te tirer d'affaire pendant quelque temps : voilà le dernier conseil que tu recevras de moi ; adieu ! » et *Caline* disparut.

En conséquence le Sultan se hâta d'établir partout des fabriques de mensonges ; il défendit de dire et de croire un seul mot de vérité ; dans tous les coins de la capitale il mit des gens avec des porte-voix pour publier ses menteries, et fit arranger des échos pour les répéter. Bientôt les Lanternois ne surent plus que dire ni que croire. Un jour on leur disait que les *Anticorses* étaient à deux cents lieues; un autre jour, qu'ils étaient à quatre lieues de la capitale; une fois on leur disait qu'on en avait tué cent mille, et qu'on avait cassé les bras et les jambes à tous les autres. C'était une confusion et des contradictions à ne plus s'y reconnaître; car on disait les *Anticorses* chassés dans le temps même où ils étaient assez près pour qu'on entendît le bruit de leurs marmites, et pour qu'on sentît la fumée de leur dîner.

Mais ce fut bien autre chose quand ils virent que leur Sultan était devenu si petit, et qu'ils entendirent les porte-voix et les échos crier et répéter mille fois qu'il était toujours aussi grand. Ils étaient bien embarrassés, ne sachant s'ils devaient s'en rapporter à leurs yeux ou à leurs oreilles.

Cependant le conseil des *Oui*, qui craignait les *Anticorses* (et pour cause), obéit à l'ordre qu'il reçut du Sultan, de rassembler tous les hommes et les chevaux en état de faire quatre pas, pour en faire une armée assez nombreuse pour étouffer les *Anticorses*; et l'Ogre se disposa à marcher à leur tête; mais auparavant il fit ce que nous verrons dans le chapitre suivant de cet ouvrage, aussi admirable que véridique.

CHAPITRE XXII.

Comme quoi l'Ogre fit sa dernière promenade dans la capitale.

—

C'ÉTAIT le 21 du mois des neiges, l'anniversaire du jour où l'on avait tué le bon Roi des Lanternois. Tous les ans, à pareille époque, dans le silence de la nuit, l'Ogre croyait voir l'ombre de ce bon Roi. Son front était environné d'une auréole brillante; il avait sur la figure cet air de bonté qu'il montra toute sa vie; mais ses regards étaient tristes et annonçaient le reproche. L'Ogre

croyait entendre la voix de ce malheureux monarque lui adresser ces
paroles d'un ton paternel : *Ingrat !
que t'ai-je-fait ? J'ai élevé ta jeunesse, et tu retiens l'héritage de
tes maîtres ! Je t'ai nourri, et tu
assassines mes enfans ! Vois ton
ouvrage !* Alors l'Ogre voyait succes-
sivement paraître devant lui les
ombres de tous ceux qu'il avait égor-
gés ; il roulait dans un fleuve de
sang d'où il ne se retirait que pour
se débattre sur des milliers de cadavres ; la sueur ruisselait le long de
son corps ; il avait la fièvre, accom-
pagnée d'un délire qui durait jusqu'à l'année suivante, de sorte que
la fièvre allant toujours en augmentant, et un délire s'entassant sur un
autre délire, l'Ogre faisait des rêves

bizarres, qu'il prenait souvent
de bonnes vérités.

Cette fois-ci, il songea que
lui disait : «Monte à cheval,
les faubourgs, flatte; jette
liards, et coupe les vivres. » « C'es
juste, dit-il en se frottant les yeux
le filleul de *Caline* doit être *calin*
eh bien ! *calinons.* » Et de suite i
monte à cheval, et ne fait qu'un ga
lop jusqu'au faubourg. Là, s'étan
arrêté au milieu de la rue des Af
famés, il se mit à crier : « Holà
hé ! garçons ! à moi ! »

Aussitôt on vit sortir des
et des caves une fourmilière de s
tres hideux, pâles, blêmes, décha
nés, déguenillés, les uns pieds nus
les autres chaussés avec des sou
de bois. Ils ouvraient de larges bou

, et montraient des dents lon-
gues comme des dents d'éléphant ;
et ils l'entourèrent et le serrèrent de si
près, qu'il eut peur que ces Affamés
ne l'avalassent à son tour lui et son
cheval : adoncques mit la main à son
gousset, en tira la monnaie d'un sou,
et la jeta au milieu de la fourmilière.
Alors les eussiez vus se pousser, se
heurter, se ruer les uns sur les autres pour attraper les quatre liards ;
et l'Ogre de recommencer le jeu jusqu'à ce qu'il eût vidé son escarcelle.

Et les Affamés de crier : « Vive le
grand-Sultan ! Ordonnez ; que faut-
il faire ? Dites un mot, et nous nous
ferons tous hacher pour vous comme
chair à pâté, pourvu que vous nous
fassiez avoir de l'ouvrage pour
vivre. » — « Oui, mes amis, repartit

l'Ogre en fronçant les sourcils, c'es
votre bien que je veux ; bientôt vou
n'aures plus besoin de rien ; je v
donner des ordres pour que vous
soyez tous heureux ; car, puisque
je suis votre père, vous devez être
mes enfans. »

Alors, accompagné de ses nou-
veaux amis, qui lui léchaient ses
bottes, et essuyaient leurs museaux
sur le pan de sa casaque, il se mit
en marche pour préparer leur bonheur à sa manière. Il entrait dans
toutes les maisons des riches, sous
prétexte de recommander ses amis
en sabots, mais à l'un il disait : « *Je
te défends de faire faire des cu-
lottes* ; à l'autre : *tu ne feras plus
filer ni carder* ; aux architectes, *je
vous défends de faire gratter,*

blanchir ou bâtir des maisons; au boulanger : *je ne veux plus que tu vendes du pain à crédit.* » Et fit les mêmes défenses aux fruitières, aux marchands de fagots, de falourdes, et aux marchands de vin.

Après s'être bien assuré que ses bons amis n'auraient plus rien à mettre sous la dent, il s'en retourna gravement à son palais, escorté par les Affamés en guenilles, qui le suivaient depuis le faubourg; et, tout le long de la rivière, il comptait joyeusement sur ses doigts les Affamés qu'il allait prendre dans ses filets; il marmottait dans sa barbe : *La faim chasse le loup hors du bois.* Cependant on voyait bien qu'il avait compté sans son hôte; il avait cru que les Lanternois se-

raient enchantés de le voir s'enca-
nailler pour leur plaire, et s'égosille-
raient à crier *vive le Sultan !* Au
lieu de cela, il les entendait dire : *Vrai-
ment l'Ogre a bien choisi son
temps !* Aussi, à son air en-dessous,
à son regard sombre et sinistre, on
devinait que, s'il avait osé, il aurait
dévoré les Lanternois qui s'avisaient
d'être mécontens de ce que leur Sultan
avait choisi pour sa burlesque et
scandaleuse promenade, une époque
qui leur rappelait des souvenirs si
douloureux !

CHAPITRE XXIII.

Comme quoi l'Ogre se laissa prendre à l'hameçon.

L'OGRE partit de la capitale en annonçant qu'il allait avaler tous les *Anticorses* ; et ceux-ci s'avançaient toujours, annonçant partout qu'ils n'en voulaient qu'à l'Ogre ; mais la capitale n'osait croire à un bonheur si inespéré, à un dessein si magnanime, parce que les porte-voix et les échos de la fabrique de menteries ne cessaient de corner aux oreilles des Lanternois que les *Anticorses* étaient autant d'ogres qui mangeaient les petits enfans à la broche, qui ouvraient le ventre des jeunes filles, et faisaient mourir les vieilles à force de les chatouiller; et mille autres horreurs qui faisaient dresser les cheveux sur la tête des femmes et des crédules Lanternois.

Le grand frère du Sultan, qui s'était mis à l'abri des horions, ainsi que tous ses autres frères, dans la capitale, ne cessait de répéter que tous les Lanternois de la capitale seraient mis en fricassée, s'ils ne se défendaient. Fut donc ordonné aux jeunes filles d'acheter de petits couteaux de six blancs pour crever les yeux des *Anticorses;* aux femmes, de faire bouillir de l'huile pour leur laver la tête. Il fut aussi ordonné que les paysans les tueraient avec leurs fourches et leurs fléaux, les perruquiers avec leurs rasoirs, les tailleurs avec leurs ciseaux, les cordonniers avec leurs tranchets, les cochers avec leurs fouets, les écrivains avec leurs canifs, et que, s'ils entraient dans la capitale, on devait les détruire tous, en jetant les maisons par les fenêtres. Mais les Lanternois, à qui il était égal d'être dévorés par un Ogre ou par un autre, se moquèrent du grand frère, et résolurent de ne se mêler de rien.

Cependant l'Ogre, qui, en perdant sa taille, avait conservé son appétit, était réduit aux abois. Il ne trouvait plus rien à croquer. Les *Anticorses*, qui voulaient le prendre

vivant, se contentaient de lui mon
trer de loin un appât friand, at
taché à un hameçon, qu'ils ti
raient chaque fois qu'il était près d
le happer. Pendant qu'ils l'éloi
gnaient ainsi de la capitale, de
milliers d'*Anticorses* s'en appro
chaient sans qu'il s'en doutât : si
bien qu'un beau matin que les échos
du mensonge avaient répété, comme
à l'ordinaire, que tous les *Anticorses* avaient été avalés par l'Ogre,
les Lanternois de la capitale furent
bien surpris d'entendre leurs cris et
leurs pétards sous les murs de leur
ville, autour de laquelle le grand
frère, qui perdait la tête, avait fait
planter des échalas pour les empêcher d'entrer; mais les Lanternois, persuadés que les *Anticorses*

n'auraient pas de peine à enjamber de pareilles palissades, se couchèrent, dans la persuasion qu'ils seraient tous tués et mangés à leur réveil.

Au point du jour, l'armée des *Anticorses* entra dans la capitale, et les Lanternois furent bien surpris quand ils virent cette armée innombrable de peuples venus à leur secours des extrémités du monde. La veille, les *menteurs en chef* leur faisaient croire qu'il n'en restait que de misérables débris, et ils voyaient d'immenses colonnes de cavalerie et d'infanterie s'avançant en bon ordre sur quarante hommes de front, occupant une ligne de deux lieues, et défilant, pendant quatre grandes heures, au bruit des instru-

mens de guerre. A leur tête mar-
chait le grand Czar, souriant, par-
lant à tous les Lanternois comme
s'ils eussent été ses enfans. Et quand
les Lanternois criaient : *Vive le
Czar!* il leur disait : *Criez vive le
Roi! mes amis; c'est pour votre
Roi qu'il faut réserver tout votre
amour.* Quelques-uns, bien las de
la guerre, se hasardaient à crier :
La paix! la paix! Alors le grand
Czar répondait : *Oui, vous l'aurez,
je vous l'apporte, je ne suis venu
que pour cela.* Après une pro-
messe aussi douce, les Lanternois
portèrent des regards moins ef-
frayés sur ces prétendus *ogres,*
qui, au lieu de les mettre en fricassée, se mirent à rire, à jouer, à
chanter, à danser et à boire avec eux

comme s'ils étaient de la famille. Alors les porte-voix du mensonge furent brisés, leurs *échos* se turent, les bâillons et les muselières tombèrent, et tous ceux que la crainte de l'Ogre avait si long-temps rendus muets, se dédommagèrent de leur long et pénible silence, et unirent leurs voix en concerts mélodieux pour chanter les louanges du *Génie des glaçons,* qui était venu de si loin pour les délivrer enfin de l'Ogre *dévorateur.*

Il y avait pourtant encore beaucoup de Lanternois qui n'osaient pas se livrer franchement à l'allégresse, parce qu'ils craignaient le retour de l'Ogre, dont le nom seul leur donnait la fièvre; mais leur appréhension ne fut pas de longue durée;

Tout à coup le sombre et épais nuage que la fée *Sanguinolente* avait étendu sur le pays des Lanternes, se dissipa ; et on vit alors un spectacle magnifique, tel qu'on n'en a jamais vu et qu'on n'en reverra jamais de semblable.

Le soleil brillait dans tout son éclat ; on aperçut dans le lointain l'Ogre que les *Anticorses* avaient pris à l'hameçon ; on aurait dit un goujon pendu au bout de la ligne d'un pêcheur. Il était si petit, si petit, que tous les Lanternois étoient tout honteux d'avoir eu tant de peur d'un pareil avorton : si bien que ceux qui, par crainte ou autrement, s'étaient auparavant égosillés à crier et à chanter : *OH QU'IL EST GRAND!* furent les premiers à fredonner : *Oh qu'il est petit !*

Bientôt une douce musique qui semblait venir du ciel, attira l'attention d'un autre côté. Sur un char resplendissant de lumière, parut le bon Génie des Lanternois. Ses vêtemens étaient blancs comme la neige ; il portait en sa main une tige de lis, dont le doux parfum, embaumant les airs, faisait couler dans les cœurs un esprit de paix et de satisfaction que les Lanternois ne connaissaient plus depuis long-temps.

Mais ce fut bien autre chose quand on vit près du bon Génie le frère du bon Roi dont on avait tant pleuré la mort, le frère de ce Roi si bon, si juste, que des sujets ingrats et cruels rendirent

si malheureux ! Auprès du frère
du bon Roi était sa noble fille,
que ses grâces, ses malheurs et ses
vertus rendaient si intéressante.
Devant eux étaient les autres princes
de la famille royale, qui avaient
échappé à la voracité de l'Ogre.

CHAPITRE XXIV ET DERNIER.

Comment l'Auteur termine cette véritable et merveilleuse histoire.

—

Les Lanternois ne pouvaient arracher leurs yeux de dessus ce bon prince devenu leur Roi. Pour lui, il les regardait avec des yeux de père, leur tendait les bras, les appelait ses enfans, ses enfans chéris. Tous les yeux étaient remplis de larmes ; des milliers de voix criaient d'un bout de la capitale à l'autre : *Vive notre bon Roi ! Vive notre belle et vertueuse Princesse*

*Vivent nos braves, nos bons Prin-
ces !* On se pressait autour d'eux,
on semait des fleurs sur leurs pas ;
enfin on n'a jamais vu pareille fête ;
il fallait le voir pour le croire.

La hideuse statue de l'Ogre tomba
avec un fracas épouvantable, et
se trouva remplacée à l'instant par
le symbole de la paix, décoré des
fleurs chéries des Lanternois. Les
traces de sang disparurent, les larmes se tarirent. Dans les cœurs,
dans les airs, partout on voyait,
on n'entendait que ces mots si doux
à prononcer : *la Paix ! la Paix !
le Roi ! le Roi !* et dès ce moment, ces deux mots furent insé-
parables.

Le Roi s'occupa à réparer le mal
qu'avaient fait le génie *Vertigo* et

l'Ogre de Corse. Le Roi promit de rendre tous ses sujets heureux, et tint parole.

Quant à l'Ogre, il fut condamné à rester toute sa vie enchaîné dans une petite île, d'où il pouvait entendre toutes les malédictions qu'on lui donnait, et voir, en enrageant, le bonheur de ceux qui avaient échappé à sa voracité. Mais, avant d'arriver dans cette île où il devait finir ses jours, il eut bien des tribulations à éprouver ; et il ne sera peut-être pas hors de propos d'en dire quelques mots, pour faire voir ce que c'est qu'un grand homme qui n'a eu d'autre mérite que celui de jeter de la poudre aux yeux.

Quand les *Anticorses* eurent pris

l'Ogre à l'hameçon, de sorte qu'il ne pouvait plus leur échapper, ils le décrochèrent et se firent un plaisir de le faire courir devant eux, en l'environnant toutefois de manière à ne pas le perdre de vue. L'Ogre trouva la porte d'un château ouverte, il y entra avec quelques-uns de ses piqueurs qui n'avaient pas encore bien essuyé leurs yeux, et *Tan-Rous*, un des sauvages qu'il avait amenés du pays des crocodiles, et qu'il aimait passionnément. Il suivait l'Ogre partout, tuait, pour lui plaire, les pièces de gibier les plus délicates, et couchait à ses pieds comme un petit chien, toujours prêt à mordre ceux qui voudraient s'approcher de son maître.

L'Ogre se voyant encore une fois

dans un beau château, entouré de ses piqueurs, croyait que les moutons lanternois allaient, comme à l'ordinaire, venir se présenter humblement pour être croqués par Sa Majesté Ogrichonne ; mais il avait beau crier, personne ne répondait ; et ceux qu'il appelait, faisaient comme le chien de Jean de Nivelle, et lui tournaient le dos. Il se mettait dans des colères épouvantables qui faisaient rire les piqueurs ; et quand il leur disait : *Je vous dévorerai*, ils répondaient : *Tu es trop petit ;* car n'ayant plus les yeux fascinés par sa poudre, ils commençaient à voir clair. L'Ogre alors changeant de ton, prit un air calin, et rassemblant ses derniers amis autour de lui, il leur demanda des conseils sur ce qu'il devait faire. Tous furent d'avis que quand on avait été si grand, et qu'on était devenu si petit, la seule ressource qui restait à un homme de cœur, c'était de mourir. « Laissez-moi seul, dit l'Ogre, j'y réfléchirai. » Lorsqu'il fut seul, *Tan-Rous* vint le trouver les larmes aux yeux, et lui dit : « Maître, tout est fini pour toi ; » mais je veux te prouver combien » je t'aime, et te rendre un service » à la mode de mon pays. » « Quel » est-il ? » dit l'Ogre. « C'est de te » couper la tête pour te mettre à » l'abri de tout danger. » « Non, » non, dit l'Ogre ; *les morts ne se* » *vengent pas.* »

Ici l'auteur, dont nous tâchons d'imiter le style antique et simple, jure, par saint Nicolas, que cette réponse de l'Ogre est véritable, et qu'elle prouve que *Bon-à-part*, en perdant sa taille colossale, a conservé le caractère de tigre qu'il a sucé avec le lait de sa nourrice.

L'Auteur continue ensuite son histoire véritable et merveilleuse en ces termes :

Quand l'Ogre entendit qu'on lui chantait de tous côtés : *Adieu, panier, vendanges sont faites*, il se détermina à faire contre fortune bon cœur ; en conséquence, il déclara aux Lanternois et aux *Anticorses* qu'il leur cédait la *chaise enchantée*, à condition qu'on le nourrirait suivant son appétit, et qu'on le laisserait vivre. Ce qui lui fut accordé, parce que l'on comptait bien réduire sa voracité inouie en un appétit raisonnable. Ensuite les *Anticorses* le firent monter en voiture pour le conduire dans son île, et permirent à tous ceux qui le voudraient de l'accompagner. Grande ne fut pas la foule ; car il était tellement détesté, et on était si content d'en être débarrassé, que, ni mère, ni frère, ni sœur, ni cousin, ni cousine, ne voulurent le suivre, et s'en allèrent tous d'un autre côté, de peur de le rencontrer en route.

Et bien leur en prit, car dès que le bruit se fut répandu dans le pays des Lanternes que l'Ogre de Corse allait traverser le royaume pour aller jouer *au Robinson* dans une île, tout le monde se pressa sur son passage. Les uns s'approchaient pour lui donner des croquignoles, d'autres pour lui crever les yeux ; il ne se crut en sûreté que quand il fut dans le vaisseau qui devait le conduire à l'*île des Mines*, où il fut bien content d'arriver, mais cependant bien enragé de trouver toujours sur sa table des mauviettes, au lieu des hommes qu'il aurait bien encore voulu dévorer.

L'Ogre, dès qu'il fut installé dans l'*île des Mines*, fit déballer tous les trésors qu'il avait emportés aux trop bons, trop légers et trop crédules Lanternois ; ces trésors étaient innombrables, et l'on peut s'en faire une idée par la misère que l'Ogre laissa après lui dans le pays des Lanternes. Il fit étaler tous ces trésors aux yeux éblouis des gardes dont les *Anticorses* avaient environné l'*île des mines*, et il crut qu'il pourrait les séduire en leur en promettant une partie ; mais il trouva tous ces gardes incorruptibles.

Désespérant donc de jouer encore un rôle brillant dans la destruction des hommes, il se résolut à charmer les loisirs de sa vie désormais paisible et tranquille, en s'occupant à rédiger les mémoires de sa vie. Si nous pouvons nous les procurer, nous les publierons pour faire suite à notre ouvrage et pour l'instruction des *Ogres* à venir.

Et fut écrite également cette véritable et merveilleuse histoire pour l'amusement et l'instruction de nos petits-enfans, qui apprendront, en

la lisant, qu'un roi n'est véritable-
ment grand qu'autant qu'il fait le
bonheur de ses sujets.

MORALITÉ.

Un Roi juste, paisible, est mille fois plus
   grand
Que celui qui se plaît aux horreurs de la
   guerre ;
Pour tous les peuples de la terre
Le pire des fléaux, c'est un Roi conquérant.

FIN.

TESTAMENT DE BUONAPARTE.

Je lègue aux enfers mon génie,
Mes exploits aux aventuriers,
A mes amis l'ignominie,
Le grand livre à mes créanciers ;
Aux Français l'horreur de mes crimes,
Mon exemple à tous les tyrans,
La France à ses rois légitimes,
Et beaucoup d'or à mes parens.

ÉPITAPHE DE BUONAPARTE.

Passant, ne pleure point mon sort ;
Si je vivais, tu serais mort.

OGRIANA.

(C'est l'Ogre qui parle.)

On se tue par amour, sottise ; on se tue pour avoir perdu sa fortune, lâcheté ; on se tue pour ne pas vivre déshonoré, faiblesse : mais survivre à la perte d'un empire, aux outrages de ses contemporains, voilà le vrai courage.

Si j'avais été général, j'aurais embrassé le parti de la Cour ; sous-lieutenant, j'ai dû embrasser celui de la révolution.

Si l'Assemblée constituante avait su se conduire, il n'y aurait plus maintenant un trône en Europe.

~~~~

Quand vous m'emmaillotterez de tous ces habits-là (*disait-il, la veille de son sacre*), j'aurai l'air d'un magot ; avec vos habits impériaux vous n'en imposerez pas au peuple de Paris, qui va à l'Opéra, où il en voit de plus beaux à *Laïs* et à *Chéron*, qui les portent beaucoup mieux que moi. Est-ce que vous ne pouvez pas ajuster votre manteau par-dessus mon habit, comme je suis là ?

~~~~

Il n'y a que des usufruitiers en

France ; moi seul suis l'unique pro-
priétaire du sol.

————

L'homme d'état doit avoir son
cœur dans sa tête.

————

Louis XIV était un pauvre homme ; je n'en aurais pas voulu pour
mon aide de camp.

————

Henri IV est le roi de la canaille.

————

L'Europe est une vieille p . . . . .
pourrie ; j'ai 800,000 hommes ; j'en
ferai ce que je veux.

————

Pour le souverain, les hommes sont comme les pions pour un joueur d'échecs; on les place suivant les chances de la partie : quand on n'en a plus besoin, on les jette.

~~~~~~~

Il faut charger le baudet pour qu'il ne rue pas.

~~~~~~~

À la Cour, le Monarque seul est quelque chose ; les autres ne sont que des valets.

~~~~~~~

Mes ministres ne sont que des scribes chargés d'écrire sous ma dictée.

~~~~~~~

Il ne tient à rien que je ne fasse

jeter les tribuns dans la Seine ; et tout Paris y applaudirait.

————

Les conscrits sont de la chair à canon.

————

C'est en famille qu'il faut laver son linge sale, et non sous les yeux du public.—La France a plus besoin de moi que je n'ai besoin de la France. — Oui, dans quatre mois j'aurai la paix, et les ennemis seront chassés, ou je serai mort. (*Discours au Corps législatif, le 1er janvier 1814.*)

————

Il y a des boutefeux qui répandent de l'argent dans le peuple pour le séduire ; ce sont des gens à péter dessus. (*Il désignait* MM. Pérignon *et* Bélart.)

Tout est fini pour moi en Europe; mais l'Asie attend un homme.

————

Après tout, je serai toujours un homme fort extraordinaire. J'ai abdiqué comme Charles-Quint; et je vais me livrer aux lettres.

————

Je suis maître de tout; le dernier homme et le dernier écu m'appartiennent.

————

Il y a encore quelques personnes heureuses en France; ce sont des familles qui ne me connaissent pas, qui vivent à la campagne, dans un château, avec trente ou quarante mille livres de rentes; mais je saurai bien les atteindre.

————

SUR L'OGRE DE CORSE.

La Révolution s'est faite homme dans la personne de *Buonaparte*.

(PALAFOX.)

Buonaparte n'est autre chose que *Robespierre* à cheval.

(Mme DE STAEL.)

« Comment diable l'Empereur ne gèle-t-il pas dans ce maudit pays ? » disait un conscrit à demi mort de froid sur les bords de la *Moscowa* : — « Parbleu ! reprit un vieux caporal, ne sais-tu pas qu'il est enveloppé dans sa peau de tigre ?»

Les militaires surnommaient l'Empereur le *petit caporal* ; Madame mère, la *mère Camus* ; le roi Joseph, le *roi Bébé* ; Jérôme, roi de Westphalie, *Jérôme pointu.*

~~~~~~~~~

Louis, roi de Hollande, s'excusant auprès de *Buonaparte* d'aller habiter la Hollande , parce que ce pays est malsain : — « Hé bien ! vous mourrez roi ; » répondit le barbare.

~~~~~~~~~

« Ne crains-tu pas, disait *Lucien* à *Buonaparte*, que la France ne se révolte contre l'indigne abus que tu fais du pouvoir ? » — « Ne crains rien , répondit-il ; je la saignerai tellement au blanc, qu'elle en sera de long-temps incapable. »

~~~~~~~~~
~~~~~~~~~

Une dispute violente s'étant éle-
vée entre *Lucien* et *Napoléon*,
au sujet de l'assassinat du duc d'En-
ghien ; *Lucien* tire sa montre, la
jette à terre, la brise sous ses pieds,
et dit à *Napoléon* : « Voilà comme
tu seras écrasé. »

FIN.

TABLE

DES CHAPITRES.

Fin de la Table.

De l'Impr. de CELLOT, rue des Gr.-Augustins.

9 782014 447293